NOIR

Quatre comédies

Pierre Launay

LUMIÈRE

Table générale

Les pitchs

PNL-Tous Victimes

Comédie tout public pour six personnages.

Trois couples d'amis se retrouvent à trois moments différents de la même année. L'un d'entre eux est un manipulateur, une autre est enceinte, d'autres sont amoureux.

Une pièce sur la manière d'appréhender la réalité et la vérité qui sont deux choses bien différentes l'une de l'autre.

Ado-Missiles

Comédie tout public pour quatre ados et une adulte.

Pour se faire de l'argent de poche, Clarisse, adolescente mal embouchée, veille Monsieur Friedman en coma dépassé. Elle lui parle et lui, en échange, dépose des poèmes dans sa tête.

Une pièce sur le langage et la difficulté à exprimer ce qu'on ressent quand on n'a pas les mots pour le dire.

Le Train

Comédie tout public pour huit à douze comédiens.

Dans ce train, et même à l'extérieur, tout le monde ment, personne n'est ce qu'il prétend.

Une pièce sur, devinez quoi : le mensonge !

Deux Femmes

Comédie pour presque tout public mais plutôt pour adultes.

Mathilde et Andréa sont ambitieuses et leur réussite ne leur suffit pas. Pour obtenir plus et mieux, elles s'allient et échangent leurs informations au mépris des plus élémentaires règles de déontologie. Bien à l'abri des regards dans une ancienne garçonnière, elles dévoilent leurs stratégies et une grande partie d'elles-mêmes.

Une pièce sur la condition et les contraintes particulières des femmes dans notre société « parfaite ».

PNL - TOUS VICTIMES
Comédie
Pierre Launay

TABLE

Argument

Depuis quelques années, la PNL (Programmation Neurolinguistique) se propage dans les formations initiales ou formations continues de nombreux métiers d'accueil et de commerce. Cette pratique dont les origines sont intéressantes à connaître (elle est le sous-produit commercial de recherches peut-être sincères dans le domaine de la psychothérapie) tend à persuader chacun de nous qu'à côté ou à la place des chemins humanistes classiques d'amélioration de soi-même, de sa culture, de son intelligence ou de sa capacité déductive, il existerait un chemin court vers le succès qui consisterait à manipuler l'esprit d'autrui.

L'idée n'est pas nouvelle. C'est ni plus ni moins celle des philtres d'amour du Moyen Âge qu'on retrouve dans les contes de fées ou dans les histoires divertissantes (dans le Songe d'une Nuit d'Été, c'est un philtre qui rend la très belle Titania amoureuse d'un âne.) Ce fantasme a toujours fait sourire quand il ne faisait pas peur, mais il était assez peu répandu dans la pratique. Mais les moyens de diffusion modernes, benoîtement relayés par les organismes de formation, donnent à la PNL une crédibilité sur laquelle il faut à mon avis se poser des questions.

La démocratie grecque proposait le remplacement de la loi du plus fort par l'élévation de l'être humain dans la culture et la connaissance. Le collectivisme, caricaturant la République, proposait la loi du plus nombreux. La PNL, elle, propose de remplacer les questions existentielles par des réponses qu'on sait pertinemment fausses, voire toxiques, mais dont on persuade le public - le peuple - qu'elles sont suffisantes et justes. Elle tient le succès, la popularité, l'empathie pour la valeur suprême et accepte les tyrans pourvu qu'ils soient sympathiques.

C'est le masque moderne des dévots du Tartuffe : un groupe réuni autour d'un faisceau de croyances ridicules qu'il s'agit d'imposer plus que de discuter, et qui, pour se définir, dessine les limites de la nouvelle hérésie. Ceux qui n'y croient pas, qui cherchent à échapper à son très médiocre message sont petit à petit considérés comme des esprits forts, des mauvais coucheurs, des asociaux, alors que la PNL est aujourd'hui imposée, sous une forme ou une autre, dans la plupart des formations professionnelles en marketing, management, gestion des ressources humaines, mais aussi métiers de l'accueil, personnel soignant, etc.

La PNL est partout, et il est assez facile de la voir. Dès l'instant que votre interlocuteur s'intéresse plus aux mouvements de vos yeux, de vos mains, à votre comportement corporel qu'à vos propos, vos arguments, en somme, à ce que vous dites, il y a de bonnes chances qu'il soit passé entre les mains de « maîtres en PNL ». Non, ce n'est pas une plaisanterie : la PNL, comme toute secte qui se respecte, utilise et revendique ces appellations ridicules, car il est de fait que passé un certain seuil, le ridicule fédère, agglomère, coagule...

Mais il ne tue pas, paraît-il.

Personnages

Par ordre d'apparition :

• Amalia, pharmacienne, petite quarantaine, épouse de Jean-Christian,

• Jean-Christian, maître en PNL, la quarantaine, époux d'Amalia,

• Clara, hôtesse de l'air, 25-30, épouse de Laurent,

• Laurent, moniteur de ski, petite trentaine, potier, moniteur de voile, époux de Clara,

• Caroline, agent immobilier, quarantaine, amie et plus de Paul, ex-belle-mère d'Amalia,

• Paul, agent immobilier, la cinquantaine, ami et plus de Caroline.

Acte I.

La scène est chez Amalia et Jean-Christian, dans la salle à manger. Grand canapé, table basse, beaucoup de place.

Scène I - Amalia.

Amalia est seule. Elle dispose des verres, des bouteilles et des biscuits pour un apéritif. Il y a de la musique d'ambiance, un peu fort. Elle parle à quelqu'un qui est dans une autre pièce.

AMALIA.

– Et il y aura Caroline et Paul aussi. Nous serons six. J'ai invité les Ducaillon, mais ils ne viendront pas… Comme d'hab… Six, enfin, quatre, c'est bien non pour les accueillir ? Qu'est-ce que tu en penses ? Et puis ils nous connaissent déjà un peu puisque tu as discuté avec Clara l'autre jour… Ils m'ont vraiment fait bonne impression tous les deux… Ils sont très jeunes… Ils doivent avoir dans les vingt-cinq ans, pas plus. Hein chéri, qu'est-ce que tu en dis ? Vingt-cinq ans ? Chéri ? Tu m'entends ? Et ils ont l'air tellement amoureux ! N'est-ce pas chéri, qu'ils ont l'air très amoureux ?.. Chéri ? Mais qu'est-ce que tu fais ? Jean-Christian !!! Ah ! Mais c'est pénible à la fin ! Pourquoi tu ne me réponds jamais quand je te parle !

Scène II - Amalia, Jean-Christian.

Jean-Christian entre avec un air parfaitement dégagé, un journal à la main. Impossible de deviner ce qu'il était en train de faire. Il est impeccable, vêtements sages et distingués, assez chics, même.

Pendant toute la scène qui vient, il va ostensiblement imiter les gestes d'Amalia, ce qui a pour effet de la subjuguer immédiatement.

JEAN-CHRISTIAN.

– Je suis là !

AMALIA.

– Mais où étais-tu ?

JEAN-CHRISTIAN.

– Je suis allé chercher du vin…

AMALIA.

– À la cave… ?

JEAN-CHRISTIAN.

– Si tu veux mon amour…

AMALIA.

– Mais…

JEAN-CHRISTIAN.

– Oui ?

AMALIA.

– On n'a pas de cave… !

JEAN-CHRISTIAN.

– Mais c'est vrai… !

AMALIA, *elle le regarde un instant déconcertée, puis, éclate d'un rire idiot.*

– C'est pour ça que tu ne m'entendais pas…

JEAN-CHRISTIAN.

– C'est pour ça…

Amalia rit encore un peu, d'un rire faux, trop fort et bête. On sent qu'elle ne maîtrise pas tout, qu'elle n'a pas bien compris, que Jean-Christian ne répond jamais… Jean-Christian rit avec elle, d'un rire retenu. Il l'observe en riant.

AMALIA.

– Est-ce que ça va mon maquillage ?

JEAN-CHRISTIAN.

– Ton maquillage ?

AMALIA.

– Oui, est-ce que ça va ?

JEAN-CHRISTIAN.

– Si ça va ? Oui, ça va… Qu'en dis-tu ?

AMALIA.

– Eh bien je te demande !

JEAN-CHRISTIAN.

– Oui c'est vrai, tu me demandes.

AMALIA.

– Parce que j'ai envie d'avoir ton avis…

JEAN-CHRISTIAN.

– Tu aimes que je te donne mon avis…

AMALIA.

– Je n'ai pas eu le temps de préparer des canapés pour l'apéritif, j'ai tout acheté !

JEAN-CHRISTIAN.

– Bien oui, si tu n'as pas eu le temps… Il valait mieux tout acheter…

AMALIA.

– Et ma tenue… Ça ne fait pas trop…

JEAN-CHRISTIAN.

– Non, pas du tout !

AMALIA.

– Parce que je ne voudrais pas avoir l'air…

JEAN-CHRISTIAN.

– Non, non, pas du tout !

AMALIA.

–Je suis contente !

JEAN-CHRISTIAN.

– Oui, je suis content…

AMALIA.

– C'est super qu'ils viennent non ?

JEAN-CHRISTIAN.

– C'est super qu'ils viennent…

AMALIA.

– Et aussi Caroline et Paul !

JEAN-CHRISTIAN.

– Et Paul oui.

AMALIA.

– Et Carla…

JEAN-CHRISTIAN.

– Oui, Carla…

AMALIA.

– Dans les vingt-cinq ans…

JEAN-CHRISTIAN.

– C'est vrai, vingt-cinq…

AMALIA.

– Tu le savais ?

JEAN-CHRISTIAN.

– Oui tu as raison, je le savais…

AMALIA.

– Je te disais… *(On sonne.)* Ah ! Les voilà !

Scène III - Amalia, Jean-Christian, Clara, Laurent.

Entrent Clara et Laurent, un peu endimanchés, avec un petit bouquet de fleurs et une bouteille à la main. Salutations, exclamations « mais il ne fallait pas » etc.

AMALIA.

– Et bien, justement, on parlait de vous… Enfin, évidemment puisque vous alliez venir… Et je demandais à Jean-Christian si vous aviez résolu votre problème heu. Carla… C'est bien Carla n'est-ce pas ?

CLARA.

– C'est Clara !

AMALIA.

– Mais oui, Clara ! Que je suis bête !

LAURENT.

– Carla, c'est l'autre…

AMALIA, *interloquée.*

– Hein ? Mais quelle autre ?

JEAN-CHRISTIAN.

– Mais « l'autre » enfin chérie… L'ex de l'ex… !

AMALIA.

– L'ex d'Alex ? Mais c'est qui Alex ?

JEAN-CHRISTIAN.

– Mais oui, c'est vrai ça, c'est qui ?

CLARA.

– Heu… Alex ?

JEAN-CHRISTIAN, *à Amalia.*

– Alex ? C'est bien ça ?

AMALIA.

– Je crois oui…

JEAN-CHRISTIAN, *à Clara.*

– Oui, bien sûr…

CLARA.

– Heu… Pardonnez-moi, mais je ne…

LAURENT.

– Excusez-moi, c'est de ma faute… Ça foire toujours quand je veux faire de l'humour…

CLARA.

– Mais non, mon Laurent… Faut pas dire ça ! Des fois tu es drôle ! Tiens par exemple l'autre jour chez les Machin Chouette là, quand tu as dit… Mais qu'est-ce que tu as dit déjà ? Ah oui !.. Ben non… Finalement tu as raison, c'était pas drôle. C'est Laurent ! C'est mon mec, il est pas drôle du tout mais je l'aime quand même !

JEAN-CHRISTIAN.

– Alors comment ça s'est passé cet entretien avec votre chef ?

CLARA.

– Gé-nial ! Il a dit oui à tout ! Jean-Christian vous êtes un génie ! J'ai tout bien fait comme vous m'avez montré, j'ai regardé dans quelle direction allait son regard quand il réfléchissait, ce qu'il faisait avec ses mains, et je faisais pareil. Vive la PNL ! *(À Amalia).* Je peux l'embrasser ?

On sonne.

Scène IV - Amalia, Jean-Christian, Clara, Laurent, Caroline, Paul.

Entrent Caroline et Paul avec une bouteille et un bouquet.

Effusions, embrassades etc.

CAROLINE.

– Bonjour ma petite Clara !

CLARA.

– Bonjour Caroline ! Comment allez-vous ?

CAROLINE.

– Très bien, très bien, puisque je vous vois ! *(Elle se tourne vers Laurent.)* Bonsoir Laurent !

LAURENT.

– Bonsoir Caroline !

CAROLINE.

– On s'embrasse ?

LAURENT.

– Avec plaisir !

CAROLINE.

– Ben évidemment avec plaisir sinon c'est d'un chiant ! *(Ils s'embrassent.)* Alors ? Comment ça se passe cette installation ?

CLARA.

– Très bien merci… Grâce à vous…

CAROLINE.

– Oh moi, je n'y suis pour rien ! À l'agence c'est Paul le grand manitou !

PAUL.

– Bonsoir, Clara. Ne l'écoutez pas… Gare à moi si je ne fais pas exactement ce qu'elle dit… !

AMALIA.

– Bonsoir, Caroline ! *(À Clara.)* Je confirme ce que dit Paul : c'est elle qui porte la culotte !

CAROLINE, *qui ne l'écoutait pas.*

– Ben évidemment ! On se connaît à peine… Ça les aurait mis mal à l'aise si j'étais venue sans dès le premier soir…

AMALIA.

– Caroline, je ne parlais pas de ça !

CAROLINE.

– Tu étais en train de dire que je portais une culotte !

AMALIA.

– Pas <u>une</u> culotte, <u>la</u> culotte ! C'est une expression !

CAROLINE.

– N'importe quoi ! C'est un string !

LAURENT.

– Quoi qu'il en soit, nous vous devons une fière chandelle ! Cette maison est géniale, exactement ce qu'on voulait !

PAUL.

– Ah ? Parce que vous aviez une idée précise de ce que vous vouliez ?

CLARA.

– Mais parfaitement ! On voulait une maison où on pourrait… Heu… En fait, ça ne vous regarde pas !

AMALIA.

– Une maison pour s'aimer !

LAURENT.

– Oui voilà… C'est exactement ça !

AMALIA.

– Tu entends ça Jean-Christian ? Comme c'est romantique !

JEAN-CHRISTIAN.

– Oui, très romantique…

CAROLINE.

– Bon, Cri-Cri, on boit un coup ?

JEAN-CHRISTIAN.

– Je m'en occupe !

Jean-Christian s'active auprès de la boisson.

AMALIA.

– J'aime pas quand tu l'appelles comme ça ! Son nom c'est Jean-Christian !

CAROLINE.

– Mais il adore ça. Pas vrai Cri-Cri ?

AMALIA, *à Caroline et Paul, sur un ton de confidence.*

– Quand vous êtes arrivés, Jean-Christian nous racontait comment il a aidé Clara à triompher de son patron...

LAURENT.

– Et même, elle allait l'embrasser...

CAROLINE.

– Ah oui ? Quelle idée !

PAUL.

– Raconte-nous ça, Jean-Christian !

JEAN-CHRISTIAN.

– Et bien voilà...

AMALIA, *l'interrompant.*

– Il faut vous dire qu'on est allés leur proposer nos services quand ils sont arrivés avec leur camion de déménagement...

CLARA.

– Oui, merci encore ! Ça nous a fait tellement plaisir ! Pas vrai, Laurent ?

LAURENT.

– Si, si, tout à fait ! D'autant plus qu'on n'arrivait pas à mettre la main sur le tire-bouchon alors vous comprenez…

CLARA.

– C'était censé être drôle là ?

LAURENT.

– Ah non, absolument pas…

CLARA.

– Tant mieux… *(À Jean-Christian.)* Alors, donc…

JEAN-CHRISTIAN.

– Et bien, Clara n'arrivait pas à convaincre son chef de la changer d'affectation. Elle était tout à fait désespérée…

CLARA.

– Oui, enfin, il ne faut pas exagérer ! Je n'en étais pas au point de…

JEAN-CHRISTIAN.

– Alors je lui ai donné quelques conseils.

CLARA.

– Vous êtes un magicien ! J'ai fait exactement ce que vous m'avez conseillé, j'ai bougé comme lui, j'ai adopté une attitude d'écoute ouverte et positive, je lui renvoyais une image valorisante de lui-même…

CAROLINE.

– Vous avez couché avec lui ?

CLARA, *riant.*

– Même pas besoin ! Juste, je le regardais comme si je le voyais pour la première fois, la bouche entrouverte et l'œil humide, je trouvais génial tout ce qu'il disait, je faisais les mêmes mouvements que lui, je respirais en même temps que lui et ça a suffi.

CAROLINE.

– Ah… Dommage ! Il est moche ?

CLARA.

– Non, non, il est plutôt beau gosse…

CAROLINE.

– Ben alors ?

JEAN-CHRISTIAN.

– Mais enfin Caroline… Il ne s'agit pas de coucherie ! C'est fini ce temps-là ! Maintenant, quand on veut quelque chose, il y a la PNL !

CAROLINE.

– Et ça remplace l'amour ?

JEAN-CHRISTIAN.

– Ça remplace le harcèlement sexuel, oui…

CAROLINE, *à Amalia.*

– Et il te le fait à toi ?

AMALIA, *rit un peu bêtement.*

– Ah mais non, mais pas du tout, tu penses !

CAROLINE.

– Mais alors, il te fait quoi ?

AMALIA, *énervée.*

– Autre chose, voilà !

CAROLINE, *moqueuse.*

– Ben Dis donc, ça te fait de l'effet !

LAURENT.

– Et comment ça marche votre truc qui empêche ma femme de coucher avec son patron ?

JEAN-CHRISTIAN.

– Heu…

LAURENT.

– Non, je rigole…

AMALIA.

– Mais vous avez tort ! C'est très sérieux ! C'est très bien la PNL et Jean-Christian y remporte de grands succès !

CAROLINE, *à part.*

– Gnagnagna…

CLARA.

– Ça ne m'étonne pas du tout *(À Jean-Christian, flatteuse.)* Vous êtes réellement très fort ! Après dix minutes d'entretien, il me mangeait littéralement dans la main.

JEAN-CHRISTIAN.

– C'est l'enfance de l'art vous savez…

CAROLINE, *à part.*

– L'enfance de l'art… C'est de la manipulation, oui…

PAUL.

– Mais c'est quand même extraordinaire ce truc ! *(À Clara.)* Et vous disiez qu'il était fermement opposé à cette décision quelques jours auparavant ?

CLARA.

– Oui, tout à fait ! Il ne voulait pas en entendre parler. Et puis là, j'ai fait ce que m'avait dit Jean-Christian et je l'ai retourné… Pfffuit ! Comme un gant !

PAUL, *à Jean-Christian.*

– Allez, Jean-Christian, il faut nous en dire plus là. Si c'est un système qui subjugue les interlocuteurs, moi je veux apprendre à m'en servir !

JEAN-CHRISTIAN, *avec un coup d'œil à Caroline.*

– J'expliquerais bien volontiers, mais je ne suis pas certain que ça plaise à tout le monde…

CAROLINE.

– Ben bien sûr que ça ne me plaît pas ! C'est des procédés malhonnêtes…

AMALIA.

– Mais pourquoi ce serait malhonnête ? Personne ne s'en plaint ! C'est juste un moyen d'aider les gens à prendre une décision…

CAROLINE.

– Une décision qu'ils ne voulaient pas prendre ! C'est du viol ! Moi, quand je dis « non », c'est non. Et si on réussit à me persuader que ça voulait dire « oui », eh bien on a trahi ma parole. Après, il y a peut-être des gens qui sont contents de se faire violer…

CLARA.

– Tu exagères Caroline. Je ne l'ai pas violé mon patron ! Je l'ai amené à prendre une décision, c'est très différent !

CAROLINE.

– Tu l'as fait céder sans avancer aucun argument, simplement parce que tu as fait en sorte qu'il te trouve sympathique… C'est assez classique comme manière de faire et nous, les femmes, nous connaissons ça depuis longtemps. Maintenant, qu'on en fasse un système, quelque part ça me dégoûte un peu.

PAUL.

– En fait, ce qui t'embête, c'est que n'importe qui puisse apprendre à faire un truc que tu croyais être la seule à pouvoir utiliser…

CAROLINE.

– Peut-être, oui. Ça me fait le même effet que quand on met des flingues dans les mains des policiers municipaux et qu'on ne leur apprend pas à s'en servir : ils se mettent à oublier que leur boulot n'est pas de menacer les gens mais au contraire de leur venir en aide et d'améliorer la vie en société. Avec un flingue dans les mains, ils n'ont plus besoin d'être aimables, il leur suffit d'être menaçants.

CLARA.

– Franchement Caroline, je ne vois pas le rapport !

LAURENT.

– Si, si, je crois que je comprends : si on considère que la séduction est une arme et que la PNL enseigne la séduction à tout le monde en toutes circonstances, on va tous passer notre temps à se faire séduire par le premier imbécile venu pour se faire refiler n'importe quoi…

Tout le monde le regarde, perplexe.

CLARA.

– Tu peux répéter ? Je m'attendais tellement à ce que tu dises une connerie que je n'ai pas écouté !

LAURENT.

– Si PNL arme, alors tout le monde tuer tout le monde ! Toi comprendre ?

AMALIA.

– Mais enfin, pourquoi vous parlez d'arme ? La PNL n'a rien à voir avec ça ni avec la séduction ! Moi je trouve que ça ressemble plutôt à un médicament !

JEAN-CHRISTIAN.

– Un médicament ! Tout à fait !

AMALIA.

– Ah ! Vous voyez !

CAROLINE.

– Tu dis ça par déformation professionnelle. Tu pourrais aussi bien la comparer à un pneu si tu étais garagiste…

PAUL.

– Un pneu… ?

CAROLINE.

– Ben oui, pour amortir les chocs !

CLARA.

– Jolie comparaison ! J'aime beaucoup ! (*À Laurent, avec une exagération comique.*) Mais ce n'est pas une raison pour te laisser pousser un pneu là ! Je n'ai pas encore envie que tu les amortisses, les chocs !

CAROLINE.

– Ah, vous voyez que c'est un tue-l'amour !

JEAN-CHRISTIAN.

– Parce que coucher pour obtenir une augmentation, c'est un procédé honnête !

CAROLINE.

– Voilà bien une chose que je n'ai jamais faite !

AMALIA.

– Oh ! Tu racontes à qui veut l'entendre que tu as couché avec tous tes employeurs et même la plupart de tes collègues !

CAROLINE.

– Oui, c'est vrai ! Mais je ne l'ai jamais fait dans l'intention d'obtenir quelque chose ! Je le faisais parce que j'en avais envie ! Après… Si on voulait m'augmenter… J'aurais été bête de dire non… Mais en tout cas, la transaction était honnête je donnais quelque chose, on me donnait quelque chose… Échange de bons procédés ! Tandis que là il s'agit de couillonner les gogos…

JEAN-CHRISTIAN.

– C'est ce que disent nos détracteurs…

LAURENT, *qui n'écoutait pas.*

– Des tracteurs ? Ça marche sur les tracteurs ?

PAUL.

– Détracteurs, Laurent, pas des tracteurs ! *(À Jean-Christian)* Et qu'est-ce qu'ils disent les détracteurs ?

JEAN-CHRISTIAN.

– Eh bien ils disent…

CAROLINE.

– Ils disent que la PNL est une canaillerie, une escroquerie, une fausse science et un vrai danger pour les rapports humains au sein de la société.

JEAN-CHRISTIAN.

– Ceux qui disent ça ne nous connaissent pas.

CAROLINE.

– Ça, c'est la parade typique de toutes les pensées douteuses : tu ne peux pas juger une religion si tu n'y crois pas, tu ne peux avoir aucun avis sur la psychanalyse si tu n'es pas en psychanalyse toi-même, tu ne peux rien penser de la PNL si tu n'es pas grand mamamouchi en PNL !

AMALIA.

– Caroline, tu exagères !

CAROLINE.

– Pas du tout ! Je me suis renseignée figure-toi. Je suis allée chercher sur internet des renseignements sur la « Programmation Neurolinguistique » qu'on propose à tire-larigot dans tous les stages en entreprise. Bilan : c'est du foutage de gueule.

LAURENT.

– Mais alors, ça ne marche pas ?

JEAN-CHRISTIAN.

– Bien sûr que si ! Demandez à Clara...

CLARA.

– Ben, je dois dire...

PAUL.

– Ah... Si ça marche...

AMALIA.

– Si ça marche c'est que ça marche ! C'est la preuve non ?

CAROLINE.

– Ah ouais, superbe ! La fin justifie les moyens. Qu'importe l'immoralité du procédé du moment qu'on parvient à ses fins ! Amalia ! Tu entends ce que tu dis ?

LAURENT.

– Bon, finalement ça marche ou pas ?

CAROLINE.

– Peut-être que ça marche, mais c'est malhonnête.

AMALIA.

– « Malhonnête », « immoral » qu'est-ce qui te donne le droit de juger ?

CAROLINE.

– Je ne juge pas, je donne mon avis et j'ai le droit de ne pas suivre la foule de ceux qui préfèrent utiliser des recettes pour manipuler les autres plutôt que de s'attaquer aux vrais problèmes.

Un temps de silence.

CLARA.

– Mais enfin, c'est un peu vrai quand même non ?

AMALIA.

– Quoi donc ?

CLARA.

– Mon chef, là, il n'a rien obtenu en échange…

JEAN-CHRISTIAN.

– Si ! Votre reconnaissance !

LAURENT.

– Moi, j'ai pas tout compris, mais il me semble que c'est plutôt à vous qu'elle est reconnaissante…

JEAN-CHRISTIAN.

– Bon… Ne chipotons pas, c'est à la PNL qu'il faut être reconnaissant : elle permet de résoudre les conflits, elle met de l'huile dans les rouages, elle arrange tout le monde au fond…

CLARA.

– C'est vite dit ! À cette heure-ci, je ne sais pas trop quelle tête il fait mon patron…

AMALIA.

– Tu ne vas quand même pas le plaindre ? Oh excusez-moi, j'ai dit « tu » !

CLARA.

– Pas grave… Même, j'aimerais bien qu'on se dise « tu ».

AMALIA.

– D'accord mais on s'embrasse alors !

Elles s'embrassent.

LAURENT.

– Moi aussi j'ai envie de dire « tu », mais j'ai pas encore envie d'embrasser Paul.

PAUL.

– T'inquiète ! Ça viendra !

Scène V - Tous.

Même lieu, un peu plus tard dans la soirée. La musique est assez forte. Ils sont en deux groupes. Clara, Jean-Christian et Amalia sont à jardin en fond de scène, Caroline, Paul et Laurent sont à l'avant-scène côté cour. Ils ont tous un verre à la main en bavardant.

Jean-Christian imite inlassablement ses deux interlocutrices à tour de rôle, le plus souvent Clara.

La musique baisse et s'arrête, on entend les voix.

CAROLINE.

– Ça y est, regardez, il recommence !

LAURENT.

– Quoi donc ?

CAROLINE.

– Mais ses trucs, là, ses incantations ! Mais regardez-le !

PAUL.

– Pourquoi tu t'énerves comme ça ?

CAROLINE.

– Je m'énerve pas, j'explique !

LAURENT.

– Alors pourquoi t'expliques comme ça ?

CAROLINE.

– Parce qu'il m'énerve !

PAUL.

– Ah !

CAROLINE.

– Quoi ? « Ah ! » Il est énervant non ? *(À Laurent.)* Et toi, ça ne te dérange pas qu'il manipule ta femme ?

LAURENT.

– Franchement, s'il y arrive, chapeau ! Moi, y'a pas moyen.

CAROLINE.

– Mais quand même, son histoire avec son patron…

LAURENT.

– Mouais. À mon avis elle dit ça pour lui faire plaisir, mais elle y serait très bien arrivée toute seule. Tu sais, quand elle veut quelque chose…

La lumière bascule. C'est l'autre groupe qu'on voit et qu'on entend.

CLARA, *terminant une anecdote.*

– Oui, oui, simplement parce qu'il voulait se faire couper les cheveux !

AMALIA.

– Et rien que pour ça il a bloqué tout l'aéroport ? Incroyable !

CLARA.

– En même temps je n'y étais pas, on me l'a raconté…

JEAN-CHRISTIAN.

– Mais c'est toi qui nous le racontes.

CLARA, *troublée.*

– Oui… *(Elle se reprend. À Amalia.)* Et toi, qu'est-ce que tu fais ?

AMALIA.

– Je suis pharmacienne, tu sais, la pharmacie près de la mairie…

CLARA.

– Ah oui, c'est pour ça que Caroline parlait de déformation professionnelle tout à l'heure. Désolée mais je n'ai pas encore eu besoin d'y aller depuis qu'on est arrivés ici.

AMALIA.

– Bah, tant mieux en un sens.

JEAN-CHRISTIAN.

– Oui, tant mieux.

AMALIA.

– Laurent a l'air de bien s'entendre avec Caroline et Paul.

CLARA.

– Oh ils sont adorables ! On ne les a pas beaucoup vus mais ils nous ont accueillis tellement chaleureusement ! D'habitude il ne parle pas facilement. Mais là, il semble à l'aise. *(Machinalement, elle se caresse le ventre.)*

JEAN-CHRISTIAN.

– Oui, il a l'air à l'aise. *(Il fait le même geste qu'elle.)*

CLARA, *qui a vu son geste.*

– C'est à cause de la PNL que tu répètes tout ce que je dis ?

JEAN-CHRISTIAN.

– Moi, je répète ce que tu dis ?

AMALIA.

– Et il y a longtemps que vous êtes ensemble ?

CLARA.

– Non, je ne trouve pas. *(Elle rit.)* J'ai toujours l'impression qu'on vient juste de se rencontrer.

AMALIA.

– Qu'est-ce qu'il fait ?

CLARA.

– Il a un peu de mal à se fixer. Jusque-là il était moniteur de ski l'hiver et moniteur de voile l'été. Il fait de la poterie aussi… Il sait faire beaucoup de choses. En ce moment, il passe des diplômes pour devenir infirmier.

AMALIA.

– C'est assez différent !

CLARA.

− Oui, mais il a envie de ça. On en a beaucoup parlé. Il en a marre de changer de vie deux fois par an, des relations futiles… On a envie de se poser, quoi.

JEAN-CHRISTIAN.

− Oui. Se poser…

CLARA, *elle a un temps d'exaspération, puis, à Amalia.*

− Et vous ? Ça fait longtemps ?

Ils répondent ensemble.

JEAN-CHRISTIAN.

− Non !

AMALIA.

− Oui

Amalia et Clara rient.

AMALIA.

− Ça fait trois ans. Nous nous sommes rencontrés après mon divorce et Jean-Christian m'a fait beaucoup de bien. Avec lui, je me sens… valorisée.

JEAN-CHRISTIAN.

− Valorisée oui…

CLARA, *sceptique.*

− Je vois…

L'effet bascule sur l'autre groupe.

CAROLINE.

41

– Mais pourquoi tu nous parles de l'opéra de Sydney ?

PAUL.

– Parce qu'à l'origine, il devait coûter 7 millions de dollars, mais à la fin il en a coûté 102.

LAURENT.

– Et alors ?

PAUL.

– Et alors, il a bien fallu un argument quelconque pour prendre une telle décision ! Je veux dire, dès le début il existait forcément quelqu'un qui savait que le budget serait dépassé, et pourtant, il a fallu convaincre ceux qui ont fait ce choix…

CAROLINE.

– Tu veux dire que celui qui a menti a eu raison de le faire ?

PAUL.

– Je pense que si l'architecte était arrivé en disant : « bonjour, j'ai un projet qui représente quinze fois votre budget prévisionnel », le jury n'aurait même pas ouvert la première page du dossier. Il a simplement fait semblant que tout allait très bien, il a renvoyé les balles comme un joueur de fond de court. On lui a dit « 7 millions », il a répondu « 7 millions, parfait, très bien ».

LAURENT.

– Tu veux dire qu'il a fait de la PNL ?

PAUL.

– En quelque sorte, oui ! Il a dû adopter une position qui renvoyait des ondes positives en répétant les éléments de langage que le client formulait lui-même. Et au bout du compte, il y a maintenant à Sydney un bâtiment que le monde entier connaît et que jamais le client n'aurait osé imaginer !

CAROLINE.

– Ouais… Mais je connais aussi des gens qui ont chez eux l'Encyclopédia Universalis en douze volumes et qui n'avaient jamais eu l'intention de l'acheter avant de recevoir la visite d'un gros malin de vendeur…

PAUL.

– Ce n'est pas pareil, Caroline ! Un opéra et une encyclopédie !

CAROLINE.

– Ça ne devrait pas être pareil ! Mais à partir du moment où c'est vendu de la même façon, ça finit par être considéré de la même façon : des produits de consommation et rien d'autre.

AMALIA, *s'approchant depuis l'autre groupe.*

– De quoi vous parlez ?

LAURENT.

– Paul dit que la PNL sauve le monde !

PAUL.

– Mais pas du tout ! Je dis simplement qu'en groupe, les humains sont bien en peine de prendre des décisions, et qu'après tout, sortir d'une réflexion rationnelle, par la PNL par exemple, n'est pas forcément un mauvais choix.

AMALIA, *elle embrasse Paul.*

– Merci, Paul. Toi, tu es un ami !

Elle retourne vers l'autre groupe.

CAROLINE, *à Laurent, un peu moqueuse.*

– Finalement ça paye de défendre la PNL, Paul a réussi à se faire embrasser par Amalia !

LAURENT.

– Oui, c'est pour ça que je suis contre.

PAUL.

– Ça t'embêterait d'embrasser Amalia ?

LAURENT.

– Non. Ça m'embêterait d'embrasser Jean-Christian.

Scène VI - Les mêmes, puis Amalia et Jean-Christian seuls.

Ils sont sur le départ. Ils ont repris leurs manteaux. Ils se saluent.

LAURENT.

– Merci, Amalia, pour cette bonne soirée.

CLARA.

– Nous avons passé un très bon moment, vraiment !

AMALIA.

– Merci à vous d'être venus. Nous avons été très contents de faire votre connaissance.

JEAN-CHRISTIAN.

– Oui, très contents, vraiment.

CLARA.

– et bon séjour dans le Lubéron alors…

AMALIA.

– Oui, merci, et vous… bonne installation !

CLARA.

– Je crois vraiment que ça se présente bien.

LAURENT.

– Les voisins sont charmants…

CAROLINE.

– Un peu qu'ils sont charmants ! C'est nous tes voisins !
Enfin, c'est Paul, pardon…

PAUL.

– C'est moi, mais tu viens de temps en temps…

CAROLINE.

– Ouais. On va dire comme ça… Ben quoi ? Nous
regardez pas comme ça ! On n'habite pas ensemble…
et c'est comme ça ! Chacun chez soi et les vaches seront
bien gardées ! D'ailleurs les vacances, c'est pas ensemble
non plus. Paul aime la montagne et moi la mer. Chacun
son truc.

AMALIA.

– Nous, avec Jean-Christian, on a de la chance, on aime
les mêmes choses…

JEAN-CHRISTIAN.

– Oui, les mêmes choses…

CAROLINE.

– On se retrouve à la rentrée pour comparer nos
marques de bronzage ? Moi j'en ai pas, je fais du
naturisme…

LAURENT.

– Moi je sais pas si j'en ai… On en parle jamais avec
Clara…

CLARA.

– Celle-là, elle était drôle ?

LAURENT.

– Non ? Tu trouves pas ?

CLARA.

– Le jour où tu feras marrer tout le monde, je ne te reconnaîtrai plus.

PAUL.

– Mais si, c'était drôle ! Intérieurement, je suis mort de rire, mais je me contrôle…

CAROLINE.

– Paul, t'es pas obligé de faire un concours avec Laurent hein…

PAUL.

– Bon. Puisque moi non plus je ne fais rire personne, je vais rentrer tout seul comme un chien…

CAROLINE.

– Attends, je vais rentrer avec toi… Peut-être qu'en me chatouillant un peu tu réussiras à me faire rire… Bonne nuit Amalia, bonne nuit Jean-Christian. Et merci à vous.

AMALIA.

– Bonne nuit Caroline, Bonne nuit Paul, et bonnes vacances.

JEAN-CHRISTIAN.

– Bonne nuit.

Tous sortent sauf Jean-Christian et Amalia. Qui commencent aussitôt à ranger.

AMALIA.

– Pouh ! Et voilà !

JEAN-CHRISTIAN.

– et voilà !

AMALIA.

– C'était une bonne soirée non ?

JEAN-CHRISTIAN.

–… et toi, tu as passé une bonne soirée ?

AMALIA.

– Oh Oui… *(Elle le prend dans ses bras.)* Mais je suis fatiguée maintenant.

JEAN-CHRISTIAN.

– Oui, tu es fatiguée.

AMALIA.

– On finit de ranger avant d'aller se coucher ?

JEAN-CHRISTIAN.

– Oui, c'est une bonne idée. On n'a qu'à finir de ranger avent d'aller se coucher.

Ils rangent. Font plusieurs allers-retours à la cuisine.

AMALIA.

– C'est drôle quand même !

JEAN-CHRISTIAN.

− Oui hein…

AMALIA.

− Pourquoi est-ce que Clara s'imagine que tu l'imites tout le temps ?

JEAN-CHRISTIAN.

− Moi je l'imite tout le temps ?

AMALIA.

− C'est ce qu'elle dit… Je ne sais pas où elle va chercher une chose pareille…

JEAN-CHRISTIAN.

− Oui, une chose pareille…

AMALIA.

− Bon, allez, ça suffit, je vais me coucher. Qu'est-ce que tu fais ?

JEAN-CHRISTIAN.

− Je crois que je vais aller me coucher parce que ça suffit…

AMALIA.

− Ah tu vois ! Je l'avais dit

JEAN-CHRISTIAN.

− Oui, c'est vrai. Tu l'avais dit.

> *Ils sortent en éteignant la lumière.*

Acte II.

La scène est chez Caroline en fin d'été, dans son salon.

Une porte ouverte donne sur le jardin où se tient le barbecue.

Dans un coin, un bar.

Scène I - Paul puis Amalia.

On entend des gens qui s'amusent à l'extérieur, des éclats de voix d'une partie de campagne.

Entre Paul. il va chercher quelque chose du côté de la cuisine. Il a l'air tour guilleret. Il retourne vers la porte du jardin quand Amalia arrive.

AMALIA.

– Eh bien Paul… Tout va bien on dirait !

PAUL.

– C'est vrai que ça ne va pas mal. Je suis content de te voir, ça doit être pour ça…

AMALIA.

– Ah oui ?

PAUL.

– Oui ! Il fait beau, on est bien et… tu es très en beauté…

AMALIA.

– Merci ! Mais qu'est-ce qui t'arrive ? Tu n'es pas si… démonstratif, d'habitude.

PAUL.

– Tu me trouves trop réservé ?

AMALIA.

– Un peu oui. Ce n'est pas très souvent que tu t'intéresses à moi.

PAUL.

– C'est parce qu'on se connaît depuis que tu es toute petite, je ne veux pas t'embarrasser…

AMALIA.

– Paul…

PAUL.

– Oui ?

AMALIA.

– Il y a très longtemps que je ne suis plus toute petite, tu n'avais pas remarqué ?

PAUL.

– Si, bien sûr…

AMALIA.

– Et ça ne m'aurait pas dérangé que tu aies plus souvent envie de… m'embarrasser.

PAUL.

– Ah, ah…

AMALIA.

– Laurent m'a dit que tu avais quelque chose à me dire…

PAUL.

– Oui, je voulais…

AMALIA.

– Quoi ?

PAUL.

– Je voulais te parler de Jean-Christian.

Amalia se détourne pour cacher son sourire.

AMALIA.

– Ah oui ?

PAUL.

– Ça ne t'ennuie pas ?

AMALIA.

– Pas encore…

PAUL.

– Je voulais te demander…

AMALIA.

– Quoi donc ?

PAUL.

− Note bien que tu n'es pas obligée de me répondre…

AMALIA.

− Oui ?

PAUL.

−…et même, au fond, ça ne me regarde pas du tout…

AMALIA.

− Et alors ?

PAUL.

− Et bien, je voulais savoir…

AMALIA.

− Quoi ?

PAUL.

− Si tu es heureuse avec lui.

AMALIA.

− Attends un peu… D'un coup, comme ça, tu veux savoir si ça va bien avec Jean-Christian… Et, pourquoi donc ?

PAUL.

− Et bien, parce que, je t'aime beaucoup et que je suis presque comme ton père et…

AMALIA, *déçue.*

− Comme mon père… Ah… C'est pour ça…

PAUL.

– Oui, bien sûr ! Pourquoi sinon ?

AMALIA.

– Oh pour rien… je croyais… je pensais…

PAUL.

– Oui ?

AMALIA.

– Non. Rien. *(D'un coup cassante.)* Je suis parfaitement heureuse avec Jean-Christian. Il m'apporte tout ce dont je pouvais rêver. Il est droit, honnête, et puis il a besoin de moi.

PAUL.

– Ah ? Très bien. Tu es donc sûre de toi.

AMALIA.

– Oui, tout à fait.

PAUL.

– Et, si…

AMALIA.

– Si quoi ?

PAUL.

–…non, rien…

AMALIA.

– Paul, est-ce que tu essayes de me dire quelque chose ?

PAUL.

– Peut-être bien mais… j'ai du mal.

AMALIA.

– Et bien tu devrais peut-être y réfléchir un peu avant de réessayer… *Son téléphone fait entendre l'arrivée d'un message.* Tu m'excuseras…

PAUL.

– Bon. Puisque c'est ainsi…

Il sort.

Scène II - Amalia, Caroline.

Amalia consulte son téléphone portable. Elle lit des messages, très concentrée et l'air pas content.

Pendant les premières répliques de Caroline, elle montre des signes d'agacement à l'égard de ses messages.

Caroline rentre dans le salon, elle est très détendue et rieuse. Elle a un plateau vide à la main.

CAROLINE, *tournée vers l'extérieur, elle continue une discussion avec quelqu'un qui est dans le jardin.*

– Oh ben ça m'étonnerait qu'à moitié ! De toute façon ça ne serait pas la première fois… *(On lui fait une réponse qu'on n'entend pas. Elle rit.)* Oh ! Mais non ! Mais qu'est-ce que tu racontes ? Mais pas du tout ! *(Elle rit. Autre réponse inaudible…)* oui, c'est ça ! À tout à l'heure… *(Elle entre franchement dans la pièce, jette un coup d'œil vers Amalia qui est toujours sur son téléphone.)* Les nouvelles sont bonnes ?

AMALIA.

– Mouais…

CAROLINE.

– Tu gagnes ? Oh pardon… Si tu veux pas que je regarde… C'est un truc cochon ?

AMALIA.

– Mais non… !

CAROLINE.

– Qu'est-ce qui ne va pas Amalia ? C'était pas bien les vacances dans le Lubéron ?

AMALIA.

– Si, si...

CAROLINE.

– Regarde-moi. Bon... C'était pas bien... Ça s'est mal passé avec tes enfants ?

AMALIA.

– Ils n'ont même pas voulu venir...

CAROLINE.

– Ah bon ? Pourquoi ?

AMALIA.

– À cause de Jean-Christian...

CAROLINE.

– Ah ! Du coup vous étiez bien tranquilles tous les deux...

AMALIA.

– Oui... Enfin... Si on veut...

CAROLINE.

– Quoi... Vous étiez bien tous les deux ensembles non ?

AMALIA.

– Oui oui, mais on n'était pas tout seuls...

CAROLINE.

– Pas tous seuls ? Oh oh ! Vous vous êtes fait un plan à quatre dans le Lubéron ?

AMALIA.

– Mais non ! Pas du tout ! Jean-Christian avait un stage !

CAROLINE.

– Non ! Un stage de son truc là... La Procrastination pour les Nouilles et les Limaces ?

AMALIA.

– Mais non ! Un stage de PNL !

CAROLINE.

– Ben... C'est pas ce que j'ai dit ?

AMALIA.

– Arrête s'il te plaît... Ça ne m'aide pas !

CAROLINE.

– Allez... Viens dire à maman...

AMALIA.

– T'es pas ma mère !

CAROLINE.

– J'ai été ta belle-mère pendant un an et demi... C'est presque pareil !

AMALIA.

– Mouais… Tu parles !

CAROLINE.

– Alors… Qu'est-ce qu'il t'a fait le vilain monsieur ?

AMALIA.

– C'est pas un vilain monsieur…

CAROLINE.

– D'accord… Qu'est-ce qu'il t'a fait de vilain le gentil monsieur alors ?

AMALIA.

– Mais rien du tout… C'est juste moi…

CAROLINE.

– C'est toi quoi ?

AMALIA.

– Je viens de découvrir le prix du stage de PNL…

CAROLINE.

– Ah, parce que c'est toi qui payes ?

AMALIA.

– Ben oui, c'est cher tu sais, il a pas les moyens…

CAROLINE.

– Mais toi, oui. C'est confortable… pour lui ! Et c'était sympa ce stage au moins ?

AMALIA.

– Ben, en fait…

CAROLINE.

– Non, ne dis rien… Je vois ça d'ici : des gourous en chasuble qui vous parlent très gentiment et qui trouvent que Jean-Christian a un potentiel in-croy-able ! Des conférences interminables pour vous expliquer la pensée du maître et avec un peu de chance des repas macrobiotiques !

AMALIA.

– Quelle drôle d'idée ? Pourquoi de la bouffe macrobio ?

CAROLINE.

– C'était comme ça quand j'avais fait un stage sur le tantrisme avec un copain.

AMALIA.

– C'est quoi le tantrisme ?

CAROLINE.

– Un truc très décevant. Tu retiens ton énergie sexuelle et ça te donne des sensations fabuleuses…

AMALIA.

– Et c'est pas bien ?

CAROLINE.

– En fait je ne sais pas. Moi les sensations fabuleuses, j'avais l'impression de pratiquer depuis longtemps, et retenir mon énergie sexuelle… J'ai jamais essayé !

AMALIA.

– C'était peut-être l'occasion ?

CAROLINE.

– Je ne saurais jamais : le deuxième soir j'ai couché avec l'animateur du stage.

AMALIA.

– Ben, et ton copain ?

CAROLINE.

– Lui aussi, bien sûr… Personne ne se retenait dans cette affaire. Les autres stagiaires étaient déconcertés, ça manquait de sérieux… Il a fallu s'en aller le troisième jour. Mais bon, c'est pas de moi qu'on parle ! Pourquoi ils ne sont pas venus en vacances avec toi tes gamins ?

AMALIA.

– Ils ne supportent pas Jean-Christian…

CAROLINE.

– Ah ! J'ai toujours dit que c'était de braves petits !

AMALIA.

– Caroline !

CAROLINE.

– Oups ! Pardon ! Ça m'a échappé !

AMALIA.

– Pourquoi tu ne l'aimes pas ?

CAROLINE.

– Il ne te mérite pas.

AMALIA.

– C'est parce que tu ne le connais pas bien... Il vaut mieux que tu ne crois...

CAROLINE.

– Est-ce qu'il fait bien l'amour ?

AMALIA.

– Tu es chiante à la fin ! Il n'y a pas que ça dans l'existence !

CAROLINE.

– Ah ! Tu vois ? J'étais sûre qu'il baisait comme un pied...

AMALIA.

– Merde ! Voilà !

Elle se lève et sort fâchée par la porte d'entrée.

Au même moment arrive Clara.

Elles se croisent à la porte mais Amalia sort sans dire un mot.

Scène III - Clara, Caroline.

Clara est en tenue d'hôtesse, enceinte de six mois et manifestement heureuse de l'être. Regardant la porte par où Amalia est partie en coup de vent.

CLARA.

– Et ben… ! Elle est pressée ?

CAROLINE.

– Elle court après l'amour !

CLARA.

– Tant mieux pour elle ! Moi, je ne cours plus… Il m'a rattrapée !

CAROLINE.

– Et on dirait qu'il t'a bien arrangée !

CLARA.

– Ça… ! Il a fait ce qu'il fallait ! Il est là mon bel étalon ?

CAROLINE.

– Il doit être en train de galoper avec Paul sur le gazon.

CLARA.

– Ouais… J'ai pas l'impression que ça galope bien vite ! Ils ont tous les deux une canette à la main…

CAROLINE.

– C'est pour le barbecue. Ça s'allume à la bière ! Ça fait partie de ces choses mystérieuses et passionnantes que seuls les hommes savent faire et qui leur évitent d'avoir à faire les enfants.

CLARA.

– Ils ne savent pas ce qu'ils perdent…

CAROLINE.

– C'est vrai que tu es superbe !

CLARA.

– Merci !

CAROLINE.

– C'est pas trop dur à ton boulot ?

CLARA.

– Ça tire un peu, mais c'était mon dernier vol aujourd'hui. Je vais rester au sol jusqu'à mon congé maternité. Je suis bien contente.

CAROLINE.

– Tu en avais marre ?

CLARA.

– Non pas du tout ! J'étais très contente de voler, et je suis très contente d'arrêter… En fait, depuis que je suis enceinte, je suis très contente tout le temps… C'est con hein ?

CAROLINE.

– Non. Ça fait du bien !

CLARA.

– Amalia est fâchée ?

CAROLINE.

– Oui, Jean-Christian baise comme un pied.

CLARA.

– Caroline…

CAROLINE.

– Quoi ? Toi aussi tu vas me dire qu'il n'y a pas que ça dans la vie ?

CLARA.

– Pas du tout ! C'est Amalia qui t'a dit ça ?

CAROLINE.

– Oui ! Et ça m'énerve !

CLARA.

– Mais qu'est-ce qu'elle fait avec ce type ?

CAROLINE.

– Franchement, j'en sais rien. J'ai une idée assez précise de tout ce qu'il ne sait pas faire : la faire rire, la faire jouir, la faire danser… Mais pourquoi elle est allée chercher un cornichon pareil alors là…

CLARA.

– Comment vous vous connaissez ?

CAROLINE.

– Mais je suis sa mère !

CLARA.

– Hein ?

CAROLINE.

– Tu ne savais pas ? Je l'ai eue à huit ans ! C'était dans tous les journaux à l'époque !

CLARA.

– T'essaie d'être aussi drôle que Laurent ?

CAROLINE.

– Pourquoi personne ne me croit ? Non, en vrai j'ai épousé son père quand elle avait quinze ans. J'ai été sa belle-mère pendant un peu moins de deux ans. C'est comme ça qu'on s'est connues.

CLARA.

– Et ça s'est bien passé ?

CAROLINE.

– Avec son père, c'est devenu très vite ennuyeux à mourir. Mais avec Amalia, oui, on s'est bien trouvées. Elle vivait seule avec lui depuis que sa mère était repartie au Brésil. Elle ne la voit pour ainsi dire jamais et à ce moment-là elle avait besoin d'une présence féminine.

CLARA.

– Et sur ce plan-là, tu ne crains personne !

CAROLINE.

– Boh, toi non plus je crois, même avec ton gros bidon !

CLARA.

– Il est beau hein ? Et alors, donc, vous êtes restées copines avec Amalia…

CAROLINE.

– Oui, un peu par hasard. On s'est d'abord perdues de vue après le divorce, je suis partie, je suis venue vivre ici, près de la mer, et je me suis retrouvée devant elle à la pharmacie de mon quartier… On était voisines ! Elle était mariée avec un nul…

CLARA.

– Déjà ?

CAROLINE.

– … elle avait deux enfants et l'air épanoui comme un chrysanthème dans un cimetière.

CLARA.

– Joli… !

CAROLINE.

– Deux mois après elle divorçait… Ne me regarde pas comme ça, j'y étais pour rien ! Mais c'est à partir de ce moment-là qu'on s'est beaucoup rapprochées. C'est une fille bien tu sais…

CLARA.

– Oui, je sais… Mais je ne comprends pas pourquoi elle est avec ce… avec lui.

CAROLINE.

– Elle a une certaine prédilection pour les cons. Après son divorce elle a eu pour amants un type qui ne parlait que de sa bagnole, un autre qui faisait du vélo avec des tenues ridicules, un blaireau macho qui lui laissait tout faire pendant qu'il buvait des bières devant la télé… On a eu un échantillonnage assez complet de ce que la planète « mec » possède comme déchets non recyclables. Mais des fois je me demande si c'est pas Jean-Christian le pire.

CLARA.

– Elle est con ou c'est toi qui exagères ?

CAROLINE.

– Moi ? Pas du tout ! C'est une fille très intelligente, sensible, cultivée, elle a de l'humour… Mais quand elle est avec un mec, on dirait une pantoufle !

CLARA.

– Elle a peur d'être seule ?

CAROLINE.

– Oui, sans doute… Mais on est toutes comme ça non ? C'est pas une raison pour se transformer en gourdasse bêlante ! Ah ça m'énerve ! Ça m'énerve qu'elle se laisse abîmer par ce…

CLARA.

– Il doit quand même bien avoir une ou deux qualités quand même...

CAROLINE.

– Peut-être, je ne sais pas, mais j'ai bien peur que non, et puis merde, tiens ! La vérité, c'est que je ne peux pas le blairer, ce con !

CLARA.

– Bon, ben comme ça, c'est dit... Et si on allait jouer les pouliches avec mon Lipizzaner et ton percheron ?

CAROLINE.

– Oups ! J'ai dit que je leur rapportais des bières ! J'ai complètement oublié !

CLARA.

– C'est terrible ! Ils vont être enragés !

CAROLINE.

– Furieux !

CLARA.

– Ils vont sc jctcr sur nous...

CAROLINE.

–... Se déchaîner !

CLARA.

– Ça va être...

ENSEMBLE.

– É-pou-van-table !

Elles sortent bras dessus bras dessous par la porte du jardin.

On sonne à la porte, mais personne ne répond : tout le monde est au jardin.

Scène IV - Laurent, Jean-Christian.

Après un assez long moment, Laurent entre pour prendre des cacahuètes dans le bar. Il entend sonner et va ouvrir la porte.

LAURENT.

– Oui, voilà, voilà ! *Jean-Christian entre, une bouteille à la main.* Ben alors ! Ça fait longtemps que t'es à la porte ?

JEAN-CHRISTIAN.

– C'est pas grave ! C'est pas grave ! *Montrant sa bouteille.* Tu sais où je mets ça ?

LAURENT.

– Il faut la mettre au frais. Attends. *Montrant ses bières.* J'emmène ça et je reviens OK ?

Il sort.

JEAN-CHRISTIAN, *s'assoit et prend son téléphone. Il regarde un message et explose.*

– Comment ça « je ne payerai pas ton stage ? » mais avec quoi elle veut que je paye moi ? Oh nom de nom ! Je suis dans une merde… !

Laurent revient. Jean-Christian se compose très rapidement un visage avenant.

LAURENT.

– T'aurais dû lui faire de la… PCB, là… Elle t'aurait ouvert !

JEAN-CHRISTIAN.

– De la PNL ? À qui ?

LAURENT.

– À la porte ! Tu l'aurais imitée là, comme ça… Avec sa petite sonnette…

JEAN-CHRISTIAN.

– Très drôle !

LAURENT.

– Je mets ta bouteille au frais !

Il prend la bouteille et sort côté cuisine.

JEAN-CHRISTIAN, *dès qu'il est seul il compose un numéro.*

– J'arrive ! Allô ?… Oui, bonjour, c'est Jean-Christian Laringer… Ah c'est vous ? Comment allez-vous ?… Pa… pardon ?… Oui, effectivement j'ai fait votre numéro, mais… Oui, vous avez raison… Je suis bête… C'est normal que ça soit vous évidemment… Oui… Justement, le règlement oui… Du stage, oui… ! C'est pour ça que je vous appelle… Comment ?… dimanche ? Pourquoi ?… Ah oui ! Tout à fait, oui, je vous appelle un dimanche, c'est vrai… Vous avez tout à fait raison… Mais c'est parce que, voyez-vous, et, alors, je me suis dit que, bon, c'est pas important mais bon quand même vous comprenez ?… Oui !… Oui !… Oui !… Enfin non ! Justement… Mais… Non-non-non ! Rassurez-vous, il n'y a pas de… Non-non-non mais pas du tout ! Mais… Oui… Oui… Bien, oui, d'accord, demain, sans faute… Oui… Tout à f… *(On a raccroché.)* Pfou ! La vache ! Si je paye pas demain je suis déclassé ! Merde ! Merde ! M…

Entre Laurent.

LAURENT.

– C'est vrai que tu me trouves drôle ?

JEAN-CHRISTIAN.

– Pardon ?

LAURENT.

– Tout à l'heure… T'as dit que tu me trouvais drôle.

JEAN-CHRISTIAN.

– Tout à l'heure ? Ah, mais oui, tout à fait !

LAURENT.

– Ça alors ! C'est incroyable !

JEAN-CHRISTIAN.

– Quoi donc ?

LAURENT.

– Personne ne me trouve jamais drôle !

JEAN-CHRISTIAN.

– Mais si, moi je t'ai toujours trouvé très amusant ! J'ai toujours trouvé très drôles tes plaisanteries.

LAURENT.

– Ah ouais ? *(Il commence à prendre des postures étranges que Jean-Christian imite aussitôt. À partir de ce moment, Laurent s'amuse à emmener Jean-Christian le plus loin possible dans le ridicule.)* Vraiment ?

JEAN-CHRISTIAN.

– Vraiment.

LAURENT.

– Mais, dis-moi, Jean-Christian… Ça fait longtemps que je voulais te demander… C'est quoi au juste la RTL ?

JEAN-CHRISTIAN.

– La PNL ?

LAURENT.

– Oui…

JEAN-CHRISTIAN.

– C'est le secret de la réussite ! Mais c'est marrant que tu me demandes ça…

LAURENT.

– Pourquoi ?

JEAN-CHRISTIAN.

– Parce que depuis que je t'ai rencontré, je suis persuadé que tu devrais te lancer là-dedans. Tu as de vraies dispositions…

LAURENT.

– Oh ? Sérieux ?

JEAN-CHRISTIAN.

– Tout à fait ! Je l'ai vu tout de suite ! Je me suis dit « Tiens, ce gars-là, il a tout à fait le profil d'un maître praticien… »

LAURENT.

– D'un quoi ?

JEAN-CHRISTIAN.

–… « Maître praticien ». C'est un niveau d'excellence dans le domaine de la PNL.

LAURENT.

– Et alors… Moi, j'ai un profil comme ça… Mais comment tu le sais ?

JEAN-CHRISTIAN.

– C'est l'évidence même ! Je suis convaincu que si tu suivais une formation…

LAURENT.

– Ah bon ? Il faut se former ? Mais, si j'ai le profil…

JEAN-CHRISTIAN.

– Pour toi, ce serait presque une formalité, c'est évident, mais enfin, la PNL est une science et il faut tout de même un minimum…

Il reste évasif.

LAURENT.

– Un minimum de quoi ?

JEAN-CHRISTIAN.

– Un minimum, quoi ! Enfin, tu vois bien ce que je veux dire… Ça ne peut pas t'échapper, avec un profil pareil…

LAURENT.

– Ah oui, c'est vrai ! J'oubliais le profil… De « Grand Maître » c'est ça ?

JEAN-CHRISTIAN.

– « Maître Praticien »

LAURENT.

– « Maître Praticien », ouais… C'est déjà pas mal hein ? Et toi, tu es quoi ? « Supergrand maître » ?

JEAN-CHRISTIAN.

– Non, non, juste « Maître Praticien »

LAURENT.

– Ah ? C'est tout ? Et… Il y a des… Des grades, des trucs comme ça ?

JEAN-CHRISTIAN.

– Des trucs… ?

LAURENT.

– Oui, quand j'étais gamin, j'ai fait du judo et on passait des ceintures, tu vois, des trucs comme ça…

JEAN-CHRISTIAN.

– Ah non… Il n'y a pas de ceinture… C'est pas…

LAURENT.

– Ah ? Il n'y a pas de costume... De kimono ? Dommage...

JEAN-CHRISTIAN.

– Écoute... Il n'y en a pas normalement, mais si tu veux... Si tu viens à une formation, je pourrais demander...

LAURENT.

– Non, non... Laisse tomber... C'est pas grave... Et puis si j'étais tout seul avec ma tenue de ninja, j'aurais l'air de quoi hein ?

Il sort.

JEAN-CHRISTIAN, *se précipite sur son téléphone.*

– Allô ? Oui c'est encore moi... Jean-Chr... Oui, encore, oui... Dites-moi, pour le paiement là... Est-ce que ça le ferait si je vous amenais une nouvelle recrue ? Oui, parce que là je suis un peu juste et... Oui, un délai oui... Ou... Non, non, un délai ça ira très bien ! Oui, pour le prochain stage... Oh si si ! Quelqu'un de très bien vous verrez... Très... *(Il cherche.)* très bien ! Vraiment... Il vous plaira sûrement...

Laurent revient en coup de vent.

LAURENT.

– En même temps...

JEAN-CHRISTIAN, *il sursaute.*

– Hein ? Quoi ?

LAURENT.

– Tu crois que ce serait possible quand même ?

JEAN-CHRISTIAN.

– Mais quoi ?

LAURENT.

– La tenue, là…

JEAN-CHRISTIAN.

– Excuse-moi, mais là je suis au téléphone alors…

LAURENT.

– Oh pardon !

JEAN-CHRISTIAN, *au téléphone.*

– Oui… Heu… On a été coupés non ? Alors bon, c'est d'accord ? On fait comme ça ? D'accord… D'accord… D'a… D'accord… Oui, très bien… Au revoir. (*Il se laisse tomber dans son fauteuil, épuisé.*)

    Laurent s'installe dans l'autre fauteuil en prenant exactement la même posture que lui.

LAURENT.

– Ça ne va pas ?

JEAN-CHRISTIAN, *distraitement.*

– Si, si…

LAURENT.

– Tu veux une bière ?

JEAN-CHRISTIAN.

– Laurent…

LAURENT.

– Oui ?

JEAN-CHRISTIAN.

– Il faut que tu saches quelque chose…

LAURENT.

– Oui… ?

JEAN-CHRISTIAN.

– Je crois beaucoup en toi, tu sais !

LAURENT.

– Ah… Chouette !

JEAN-CHRISTIAN.

– Tu as un potentiel incroyable !

LAURENT.

– C'est vrai ?

JEAN-CHRISTIAN.

– Tu ne le savais pas ?

LAURENT.

– Et bien… je m'en doutais un peu mais…

JEAN-CHRISTIAN.

– Il faut absolument que tu exploites tes dons. Je peux t'aider tu sais.

LAURENT.

– Ah ? Alors…

JEAN-CHRISTIAN.

– Tu as confiance en moi n'est-ce pas ?

LAURENT.

– Heu… Oui, sans doute…

JEAN-CHRISTIAN.

– Si tu me laisses faire, tu pourras réaliser de grandes choses !

LAURENT.

– D'accord.

JEAN-CHRISTIAN.

– Dis-moi seulement tes doutes, tes envies, tes besoins…

LAURENT.

– Ben… J'aimerais bien une bière…

JEAN-CHRISTIAN.

– Une bière ? Tout de suite !

Il sort précipitamment.

Laurent se cache. Jean-Christian revient avec la bière à la main. Il ne le voit pas.

JEAN-CHRISTIAN.

– Laurent ? Laurent ? Merde ! Où il est barré ce con ? Putain, c'est pas vrai !

LAURENT, *caché derrière un fauteuil, il coupe la lumière, puis, d'une voix transformée.*

– Jean-Christian, c'est toi ?

JEAN-CHRISTIAN.

– Qui est là ?

LAURENT, *même jeu.*

– Tu ne me reconnais pas ?

JEAN-CHRISTIAN.

– Qui êtes-vous ? C'est toi Laurent ?

LAURENT, *même jeu.*

– Jean-Christian, voyons… C'est moi… Michel.

JEAN-CHRISTIAN, *terrifié.*

– Aaaah !

Il lâche tout ce qu'il a dans les mains et se sauve dans le jardin.

Scène V, Caroline, Laurent, puis Paul, Amalia, Clara, puis Jean-Christian.

Dans cette scène, quand la lumière revient, il y a une enveloppe posée en évidence sur la table basse.

Caroline entre dans la pénombre.

CAROLINE.

– Y'a quelqu'un ?

LAURENT.

– Ouais, moi.

CAROLINE.

– Laurent ?

LAURENT.

– Oui, pourquoi ?

CAROLINE.

– Qu'est-ce qui s'est passé ?

LAURENT.

– Je sais pas, les plombs ont dû sauter ou quelque chose. *(À ce moment, la lumière revient.)* Ah ben non, c'est juste la prise qui était mal mise…

CAROLINE.

– Mais qu'est-ce qu'il y a eu avec Jean-Christian ?

LAURENT.

– Jean-Christian ? De quoi tu parles ?

CAROLINE.

– Il a déboulé en hurlant dans le jardin, il est blanc comme un linge et il claque des dents. Tu lui as fait quelque chose ?

LAURENT.

– J'étais dans la cuisine, je cherchais l'armoire électrique pour remettre la lumière… Pourquoi ?

Paul entre dans la pièce avec Amalia et Clara.

PAUL.

– Laurent qu'est-ce qui s'est passé ?

LAURENT.

– Mais rien du tout !

CAROLINE.

– Il y a eu une coupure de courant, Laurent est allé chercher l'armoire électrique dans la cuisine.

CLARA.

– Elle est dans la cuisine, l'armoire électrique ?

CAROLINE.

– Non, au sous-sol.

AMALIA.

– C'est toi qui as fait peur à Jean-Christian ?

LAURENT.

– Quoi ?

AMALIA.

– Jean-Christian est mort de trouille ! Est-ce que c'est toi qui lui as fait peur ?

LAURENT.

– Franchement, Amalia, est-ce que j'ai une tête à faire peur ?

Il fait une grimace affreuse.

AMALIA, *elle sursaute.*

– Aaah ! *(Elle pique un fou rire.)* Mais quel idiot ! *(Elle va vers la porte du jardin.)* C'est bon, Jean-Christian ! Tu peux revenir, il n'y a rien ! *(Jean-Christian entre, pas rassuré du tout.)* Là… N'aie pas peur, tout va bien !

Caroline prend l'enveloppe sur la table basse.

CAROLINE, *elle lit.*

– « Pour Jean-Christian, de la part de Michel » Qui est-ce qui a apporté ça ?

JEAN-CHRISTIAN.

– Quoi ?

CAROLINE.

– Je demande qui a apporté ça… C'est pour toi.

JEAN-CHRISTIAN, *de nouveau terrifié.*

– Mais je n'en veux pas !

AMALIA.

– Mais enfin Jean-Christian, puisque c'est pour toi… *(Elle prend l'enveloppe des mains de Caroline. L'enveloppe n'est pas fermée, elle regarde dedans.)* Qu'est-ce que c'est ?

JEAN-CHRISTIAN, *même jeu.*

– Non, n'ouvre pas !

PAUL, *il s'approche et prend Jean-Christian par les épaules. Il l'emmène sur le canapé.*

– Allons, allons, calme-toi. Tout va très bien se passer. Il y a eu une coupure de courant et tu as reçu une lettre, tout va bien.

CLARA.

– Bon d'accord, on ne sait pas qui a coupé le courant et on ne sait pas qui a apporté la lettre, mais à part ça, tout baigne !

LAURENT.

– Et puis de toute façon c'est toujours comme ça ! Quand il y a une coupure, tu les connais les noms des grévistes toi ? Et le facteur, tu sais comment il s'appelle ? Alors, tu vois…

AMALIA, *qui a ouvert l'enveloppe.*

– C'est juste une photo… une affiche, *(Elle lit.)* « MJC, Duo mêlé ». Ça vous dit quelque chose ? *(Elle montre l'affiche à Paul.)*

PAUL.

– Jamais entendu parler… Mais, attend ! C'est…

Tous se tournent vers Jean-Christian.

JEAN-CHRISTIAN, *avec un accent de fatalité.*

— Oui, c'est moi…

AMALIA, *soulagée.*

— Ahhh ! Alors tout va bien ! Et l'autre ?

JEAN-CHRISTIAN.

— C'est Michel ! *(Il les regarde tous comme s'ils devaient comprendre quelque chose.)* Michel ! Mais il est mort !

CAROLINE.

— Qu'est-ce que c'est encore que ces conneries !

JEAN-CHRISTIAN.

— Il est mort ! Il est mort !

Il se replie sur lui-même, la tête dans les mains.

LAURENT.

— Et oui…, il est mort. Seul, et désespéré. Par ta faute.

JEAN-CHRISTIAN.

— Non ! C'est pas vrai ! C'est pas de ma faute ! Ne l'écoutez pas ! Il est fou ! C'est pas moi ! Je ne veux pas !

Scène VI - Laurent, Clara, Caroline, Paul, puis Amalia.

CLARA.

– Mais enfin Laurent, qu'est-ce qui t'a pris ? Tu es devenu fou ?

CAROLINE.

– Je suis assez d'accord avec Clara : si c'est une blague, elle n'est vraiment pas drôle !

PAUL.

– Tu ne veux pas nous dire ?

LAURENT.

– Si, si. Je suis désolé. Je vais tout vous expliquer dès qu'Amalia sera revenue.

CLARA.

– J'espère qu'elle parviendra à le calmer…

CAROLINE.

– Elle, peut-être pas, mais le Valium, oui.

> *Entre Amalia.*

PAUL.

– Alors, comment va-t-il ?

AMALIA.

– Couci-couça… Il va s'endormir… (*À Laurent.*) Pourquoi tu as fait ça, Laurent ? Il faut que tu m'expliques.

LAURENT.

– D'accord. Je vais le faire. Mais c'est une longue histoire. Asseyons-nous. (*Ils s'assoient tous à la table basse au centre de la scène, très près du public.*) Je connaissais Michel depuis longtemps. C'était un comédien excellent. Je l'ai rencontré en station. Il faisait les saisons lui aussi. Nous étions trois, Michel, le comédien, John le chanteur, et moi, le moniteur de ski. Pendant plusieurs saisons on s'est retrouvée régulièrement, et c'était bien agréable de pas être seul, parce que la saison de ski, c'est pas si drôle que ça. Avec eux, on parlait de tout et de rien, mais surtout, on ne parlait pas de boulot, pas de bagnoles et pas de nanas. On savait que Michel était homo, mais ça s'arrêtait là. On ne savait rien de sa vie. Et puis je l'ai perdu de vue pendant des années jusqu'à l'autre jour. John m'a appelé pour m'annoncer que Michel venait de mourir, tout seul. Il avait refusé de voir qui que ce soit. Il ne voulait pas qu'on sache qu'il était malade, il avait depuis longtemps rompu toute relation avec sa famille… Je suis allé avec John vider son appartement.

CLARA.

– Pourquoi tu ne m'en as pas parlé ?

LAURENT.

– Je ne sais pas. J'avais pas envie, à cause du bébé. J'avais pas envie de parler d'histoire de mort…

CLARA.

– Tu es bête ! Il est bien à l'abri, il ne risque rien ! Il est mieux protégé que toi !

LAURENT.

– Évidemment il y avait plein de souvenirs, des affiches de ses spectacles, des programmes, des centaines de photos. Il y en avait tellement ! On en a porté des quantités à la déchetterie…, c'est pas drôle de jeter des souvenirs… Comme on ne voulait pas tout jeter, j'ai gardé cette affiche, là, et aussi son journal. Il tenait un journal. et c'est en le lisant que j'ai compris que c'était Jean-Christian sur l'affiche. Jean-Christian, celui que nous connaissons.

AMALIA.

– Jean-Christian…

LAURENT.

– Dans son journal, Michel racontait toute leur histoire. C'est quand il est monté de province à Paris que Jean-Christian a rencontré Michel. Il l'a aidé dans le métier de comédien et ils se sont assez rapidement installés en couple.

AMALIA.

– Hein ?

LAURENT.

– Oui, en couple. Ils étaient ensemble quoi…

AMALIA.

– Non mais, tu veux rire ! Jean-Christian en couple avec un homme !

CAROLINE.

– Ben quoi ? Moi ça m'est arrivé plein de fois de vivre avec un homme, ça n'a rien de terrible ! Ça ne vaut pas une bonne télé mais bon, on s'habitue !

Scène VII - Tous.

Dans cette scène, Jean-Christian apparaît comme un personnage issu de la narration de Laurent.

LAURENT.

– Alors, Michel a imaginé un numéro de duettistes et ils ont créé…

Jean-Christian, grimé en vedette de show transformiste apparaît en fond de scène. Il parle à la façon d'un présentateur ambigu de cabaret sur un fond musical.

JEAN-CHRISTIAN.

– « MJC Duo Mêlé ». « M, comme Michel », c'est lui, « JC, comme Jean-Christian ou Jésus-Christ » c'est moi et « MJC Duo Mêlé » c'est nous tous les deux. De dos, il fait semblant de danser avec une partenaire qui lui caresse les cheveux, le dos… Il se retourne face au public en tenant sa « partenaire » devant lui. On a bien pensé s'appeler Jean-Christian Michel, mais on ne sait pas jouer de la clarinette… Il parle à sa partenaire. Hein ? Mais non ! Arrête ! Puisque je te dis que tu ne sais pas ! Au public en s'excusant. Mais on s'exerce !

LAURENT.

– Ensemble, ils étaient beaucoup moins bons que Michel tout seul. Bref, il y a eu une grosse engueulade, séparation horrible. Jean-Christian particulièrement ignoble avec Michel, lui a balancé à la face…

JEAN-CHRISTIAN, *très « mec » et très vulgaire.*

– J'ai jamais été amoureux de toi, j'ai toujours fait semblant ! La seule chose qui m'intéressait c'était tes relations dans le show-biz ! Tapette !

AMALIA.

– Ah ! Il me semblait bien aussi !

CAROLINE.

– Il te semblait quoi ? Qu'il n'a pas attendu d'être avec toi pour mentir comme un arracheur de dents ?

LAURENT.

– Attendez la suite, vous serez pas déçues !

PAUL.

– Ah bon ? C'est pire ?

CLARA.

– Vas-y Laurent ! Moi j'aime bien les histoires crades !

AMALIA.

– Clara !

LAURENT.

– Tu vas voir, c'est pas crade, c'est… pire que ça !

AMALIA.

– Laurent !

LAURENT.

– Après la séparation, Michel a fait une grosse dépression, il était complètement démoli, et il a commencé à avoir des ennuis de santé. Il vivotait avec des petits cachetons à droite et à gauche, mais le cœur n'y était plus. Puis un jour il a appris par hasard que Jean-Christophe travaillait dans une coopérative bio, Vous en avez peut-être entendu parler... c'était la Scoobidur.

PAUL.

– La Scoobidur ? Je connais ce nom-là...

LAURENT.

– Michel, ça lui a semblé énorme que Jean-Christian travaille dans un truc comme ça ! Par curiosité, il l'a appelé. Au téléphone, Jean-Christian tenait des propos très confus.

JEAN-CHRISTIAN, *d'une voix toujours insultante.*

– Mais non je n'ai pas arrêté le théâtre ! J'ai ça dans le sang, moi ! J'ai juste inventé une nouvelle manière d'en faire... Tu peux pas comprendre ! Ça n'a rien à voir avec tes trucs de tarlouze, c'est du théâtre de terrain ! Je vais vraiment au contact, tu comprends ? Ouais. Je perds mon temps avec toi de toute façon. Me rappelle pas, espèce de looser !

LAURENT.

– Michel a laissé tomber. Mais à quelque temps de là, il a appris dans la presse, comme tout le monde, qu'une chaîne de grande distribution avait coulé la Scoubidur en y plaçant des espions.

CLARA.

– Mais oui, je me souviens ! C'était une coopérative vachement sympa avec des jeunes qui voulaient faire du bio sans se prendre la tête. Ils étaient marrants comme tout, et ils avaient botté le derrière à une centrale d'achat qu'ils avaient prise la main dans le sac.

LAURENT.

– Oui, c'est ça, c'est ceux-là !

PAUL.

– On disait à l'époque qu'une société de sécurité avait employé des comédiens ratés pour faire ce job dégueulasse !

CAROLINE.

– Faut vraiment être pourri pour faire ça !

JEAN-CHRISTIAN.

– Le Roi des pourris ! Le maître des traîtres ! Le rôle de ma vie ! Le jour, j'étais leur meilleur ami, le plus sympa de la bande, le plus fidèle, le plus loyal, le plus compatissant. Je les aimais du plus profond de mon cœur ces jeunes tellement courageux ! Quand ils craquaient, je les réconfortais, je leur payais un café, je faisais bénévolement des heures sup' pour qu'ils tiennent le coup, j'étais le plus encourageant, le plus bienveillant, ils venaient pleurer sur mon épaule et moi je disais : « Vas-y, pleure, ça fait du bien… ». Jamais je n'ai été aimé comme ça ! Jamais je n'ai autant aimé.

Et la nuit, quand je les trahissais, - parce que c'était toujours la nuit, même en plein jour, pour moi, c'était une nuit profonde et glacée - quand je vendais tous leurs rêves, leurs illusions, quand j'offrais en sacrifice toutes les douceurs, les regards, les caresses, les poignées de main, toute l'estime qu'ils avaient eues pour moi, je sentais le frisson de la petite mort courir dans mon dos et saisir mes entrailles.

Et l'homme à qui je vendais tout cela m'enduisait de son dégoût comme d'une bave immonde et gluante que je ramenais sur ma tête pour en être entièrement souillé.

Je jouissais dans l'abjection.

PAUL.

– Il y a eu des morts non ?

LAURENT.

– Oui, à la fin… Plusieurs suicides, des dépressions, les gars de la coopérative étaient ruinés… Pour se venger, Michel a dénoncé Jean-Christian aux gars de la Scoubidur. Le journal de Michel s'arrête là.

Jean-Christian sort de l'ombre et s'avance vers le public, totalement défait.

JEAN-CHRISTIAN.

– Après cela, Jean-Christian a dû retourner dans la vie ordinaire. Il s'est caché. Il voulait disparaître, crever comme une charogne. Mais même ça, il n'a pas eu le courage de le faire. Il s'est remis debout, et il a cherché quelqu'un à manipuler, parce qu'il ne sait faire que ça. *Un temps.* J'ai cherché quelqu'un à manipuler parce que je ne sais rien faire d'autre. Comme ça, je pouvais me faire croire que j'étais debout…

AMALIA.

– Et la personne que tu as manipulée…

JEAN-CHRISTIAN.

– C'était toi, Amalia.

> *Il sort.*

> *Un grand temps de silence.*

AMALIA.

– Ordure !

Acte III.

Scène I - Clara, Laurent.

La scène est chez Clara et Laurent.

Côté jardin la porte d'entrée est masquée par un paravent.

Côté cour la porte de la cuisine.

LAURENT, *il entre avec un sapin de Noël, une veste d'hiver, une écharpe et des cadeaux plein les bras.*

– Ohé ! C'est moi !

Il installe le sapin et les cadeaux avec beaucoup de soin. Clara est sortie sur le pas de la porte de la cuisine, elle est énorme, sur le point d'accoucher. Une cuiller en bois à la main, un tablier autour du ventre et elle le regarde tendrement tout installer.

CLARA, *après l'avoir longtemps regardé.*

– Tu es sûr qu'il ne manque rien ?

LAURENT.

– Non, pas du tout ! Je suis certain qu'il manque encore des tas de trucs mais je n'avais plus de place dans mes bras.

CLARA, *elle vient contre lui.*

– C'est vrai que tu as des tout petits bras… je parie que tu ne pourrais pas me serrer contre toi.

LAURENT, *il s'écarte pour la regarder des pieds à la tête, elle tourne sur elle-même avec une certaine grâce.*

– Non, tu as raison. Toi toute seule, ça irait encore mais là, vous êtes trop nombreuses.

CLARA.

– Tu crois que c'est une fille ?

LAURENT, *la prenant finalement dans ses bras.*

– Hmm, je le sens !

CLARA.

– Non, non, non, la seule fille que tu sens ici, c'est moi ! Moi, je suis sûre que c'est un garçon ! *(Le bébé lui donne un coup.)* Ouf ! Tu vois ! Il a dit oui !

LAURENT, *parlant au ventre.*

– Hé ho ! Là-dedans !

CLARA.

– Pas la peine de crier ! Il est pas sourd !

LAURENT.

– T'as drôlement intérêt à être une fille, le seul homme à bord ici, c'est moi !

CLARA.

– Tu as peur de la concurrence, c'est ça ton problème ! Tu as peur que ton fils soit plus viril que toi !

LAURENT, *en l'enlaçant tendrement.*

– Et toi tu as peur que ta fille soit plus féminine que toi…

CLARA.

– Ah ! Tu vois que tu as les bras assez grands ! C'est curieux comme vous les hommes vous avez toujours peur d'avoir les bras trop petits…

LAURENT, *il lui caresse les seins.*

– Toi, en ce moment, tu n'as rien de trop petit.

CLARA.

– Pas touche ! C'est pas pour les papas, c'est pour les bébés.

LAURENT.

– Oh allez, elle peut bien me les prêter un peu ! Je lui ai apporté des tas de jouets pour Noël.

CLARA.

– C'est vrai ? Qu'est-ce que tu lui as acheté ?

LAURENT.

– Un train électrique, un petit chimiste et un Master Mind.

CLARA.

– C'est bien choisi pour un nouveau-né… mais c'est pas tellement des jeux de fille !

LAURENT.

– Oui, je sais, je pense que c'est bien de ne pas la conditionner avec des poupées en forme de pétasse et des aspirateurs. D'ailleurs j'avais prévu de lui acheter la réplique d'une Kalachnikov mais je n'avais plus de place dans ma hotte.

CLARA.

– C'est bien. Je sens que tu vas être un père exemplaire.

LAURENT.

– … et exigeant ! « Mange ta soupe ! », « fais du sport ! », « tais-toi quand tu parles ! », « rentre avant minuit ! »

CLARA.

– Laurent…

LAURENT.

– Oui…

CLARA.

– Il n'est pas encore né…

LAURENT.

– Ah bon ? C'est dingue ! Personne ne me dit jamais rien dans cette maison !

On sonne.

CLARA.

– Ah ! les voilà !

LAURENT.

– Laisse, j'y vais.

CLARA.

– Profites-en pour retirer ta veste, sinon tout le monde va croire que tu es là en visite.

Il sort vers la porte d'entrée, elle sort vers la cuisine.

Scène II - Les mêmes, Caroline.

On les entend dans l'entrée un peu avant de les voir.

CAROLINE.

– Salut Laurent ! *(Ils s'embrassent.)* Tu sortais ?

LAURENT.

– Non, non, Clara m'a demandé de me déshabiller…

Il retire sa veste.

CAROLINE.

– Déjà ? Moi aussi alors… *(Elle ôte son manteau.)* Pour l'instant, je garde le reste. Vous ne perdez pas de temps : la soirée n'a pas encore commencé…

LAURENT.

– Moi, tu sais, je ne discute pas les volontés d'une femme enceinte…

CAROLINE.

– Ah bon ? Parce qu'elle est enceinte ?

LAURENT.

– Je crois, oui… Enfin, moi je n'y connais pas grand-chose. Mais la voilà justement, tu vas pouvoir me dire, avec ton expérience de femme.

Clara entre. Elle a ôté son tablier.

CLARA.

– Bonsoir Caroline !

Elles s'embrassent.

CAROLINE.

– Bonsoir ma belle ! Tu es magnifique !

CLARA.

– Je suis une montgolfière !

CAROLINE.

– La plus jolie montgolfière qu'on puisse rêver. Laurent a bien de la chance !

LAURENT, *faussement à part, à Caroline.*

– Alors ?

CAROLINE, *même jeu.*

– Alors quoi ?

LAURENT, *même jeu.*

– Alors… Elle est enceinte à ton avis ?

CLARA.

– Arrête, idiot ! *(À Caroline.)* Il doit être content, il n'arrête pas de faire le con.

LAURENT.

– Tu as vu comme elle me traite ! Et devant notre enfant en plus !

CAROLINE.

– Oui, mon pauvre Laurent. On voit tout de suite que tu es bien à plaindre !

LAURENT, *d'un air contrit.*

— J'ai maigri…

CLARA.

— Ah bon ?

CAROLINE.

— Ah… je n'ai pourtant pas l'impression…

LAURENT.

— Ça ne se voit pas, c'est dans la tête ! C'est à cause de toute cette angoisse !

CLARA.

— Tu parles d'une angoisse ! *(Elle montre son ventre.)* C'est l'émotion du gamin qui veut voir ce qu'il y a dans le gros paquet !

CAROLINE.

— Vous ne savez toujours pas ce que c'est ?

LAURENT.

— Moi je dis que c'est un gros gâteau.

CLARA.

— Un vélo neuf !

LAURENT.

— Une encyclopédie en douze volumes !

CLARA.

— Une panoplie de Zorro !

CAROLINE.

– Peut-être que vous allez être déçus…

LAURENT.

– Bah, si c'est ça, on l'échangera…

CLARA, *elle lui tape dessus.*

– T'es con ! T'es con ! T'es con !

LAURENT.

– Au secours !

> *On sonne, Clara et Laurent, occupés à se chamailler, n'ont rien entendu.*

CAROLINE.

– Eh les mômes ! On a sonné !

LAURENT.

– J'y vais ! Retiens-la !

> *Il sort.*

Scène III - Les mêmes, Amalia, Paul.

LAURENT.

– Merci, merci les amis ! Vous me sauvez la vie !

AMALIA.

– Bonsoir Laurent, qu'est-ce qui t'arrive ?

Elle l'embrasse.

LAURENT.

– Bonsoir Amalia. C'est Clara…

PAUL.

– Salut Laurent. *(Ils s'embrassent.)* Qu'est-ce qui lui arrive à Clara ?

LAURENT.

– Ses instincts animaux sont en train de prendre le dessus.

Laurent prend les manteaux des nouveaux arrivants pour les emmener vers l'entrée.

CLARA.

– Grr ! Je suis une baleine piranha !

AMALIA.

– Salut belle baleine ! *(Elles s'embrassent.)* On appelle ça une orque non ?

CLARA.

– Oui, c'est ça, une orque !

CAROLINE.

– Dans cette maison en ce moment, c'est amours, délices et orque.

PAUL, *embrassant Caroline.*

– Excellent ! Tu pètes la forme !

CAROLINE, *regardant Paul.*

– Tu n'es pas mal non plus… L'amour te réussit, on dirait.

PAUL, *un peu gêné.*

– Ah oui ?

CAROLINE, *embrassant Amalia.*

– Et à toi aussi !

AMALIA, *également rougissante.*

– Arrête !

CAROLINE, *elle rit.*

– Regardez-les ! On dirait des soleils couchant !

LAURENT.

– Oui, ben moi, je trouve ça très triste. Tout le monde s'aime et personne ne fait attention à moi.

CLARA.

– Mais si, mon Laurent. Moi, je fais attention à toi, regarde : « Laurent, va servir l'apéro et que ça saute ! »

LAURENT.

– Dans mon état ? Tu n'as aucune pitié ! La paternité m'épuise !

Il sort vers la cuisine.

AMALIA.

– Alors, c'est pour quand ce bébé ?

CLARA.

– C'est pour quand il veut. Sur le papier c'est pour dans une semaine.

PAUL.

– Dans une semaine c'est Noël.

CLARA.

– Ben oui… et quand tu sais le temps qu'il faut pour avoir une place en crèche…

CAROLINE.

– … sans compter les accessoires, le bœuf, les rois mages… Tiens, voilà saint Joseph !

Laurent revient avec une bouteille de vin et des verres.

LAURENT, *tout en remplissant les verres.*

– Non, c'est du Coteau du Layon. C'est mieux pour l'apéro. Le Saint Joseph ça cogne !

AMALIA.

– On ne dit pas ça, on dit « il a de la jambe ! »

PAUL.

– « Il est charpenté ! »

LAURENT.

– Charpentier ! Saint Joseph il était charpentier !

CAROLINE.

– Et cocu !

CLARA.

– C'est pas ce que disait le Saint-Esprit…

PAUL.

– Évidemment ! Dans ce genre de chose on n'avoue jamais !

LAURENT.

– Ah ! À propos… ! On a un truc à vous annoncer…

AMALIA.

– J'ai deviné : Clara est enceinte !

LAURENT.

– Ah bon ?

CLARA.

– Laurent, tu viens de la faire il y a pas dix minutes et c'était déjà pas drôle…

PAUL.

– Moi, je trouve ça plutôt marrant…

LAURENT, *il va embrasser Paul.*

– Merci Paul. Toi au moins, tu es un véritable ami. Ahlàlà ! Si on n'était pas emmerdé par toutes ces femmes…

AMALIA.

– On peut vous laisser si vous voulez…

CAROLINE.

– On s'arrangera très bien toutes les trois !

CLARA, *montrant son ventre.*

– Toutes les quatre !

LAURENT.

– Ah ! Tu vois que c'est une fille !

CAROLINE, *désignant le ventre de Clara.*

– Une seule ? Moi, je dirais qu'il y en a au moins une douzaine là-dedans. *(Elle pose sa tête sur le ventre de Clara.)* Combien vous êtes ? Sortez les mains en l'air !

CLARA.

– Laurent, mon amour, est-ce que je pourrais avoir autre chose que du vin ?

LAURENT.

– Mais bien sûr, Clara, mon amour ! De la limonade ça ira ?

CLARA.

– Oui, Laurent…

LAURENT, *en sortant vers la cuisine.*

– Quelle chance que la limonade veille sur notre amour !

AMALIA.

– Qu'est-ce que vous faites pour Noël ?

CLARA.

– Moi, un bébé !

LAURENT, *revenant avec la limonade.*

– Moi aussi !

PAUL.

– Nous, on récupère les enfants d'Amalia et on va dans sa famille…

AMALIA.

–… essuyer le feu roulant des questions et des sous-entendus sur fond d'huîtres, de foie gras et de dinde aux marrons

PAUL.

–… et après, dans la mienne où ce sera à peu près pareil, mais avec de la dinde aux marrons, du foie gras et des huîtres.

AMALIA.

– Autant dire qu'on se prépare un début de dépression et une grosse indigestion… Noël, quoi.

CLARA.

– Et toi, Caroline ?

CAROLINE.

– Je crois que je vais rester toute seule.

CLARA.

– Oh ? Tu es dans une période d'abstinence ?

CAROLINE.

– Pas précisément, mais mes amants passent Noël en famille, et comme la famille, c'est sacré, aucun n'a voulu emmener sa maîtresse. Vous deux, je suppose que vous allez rester ici ?

LAURENT.

– Oui. Le monde se passera de nous.

CLARA.

– Mais nous le faisons venir à nous !

PAUL.

– Comment ça ?

CLARA.

– Et bien comme ça : ce soir vous êtes le monde qui vient à nous !

CAROLINE.

– Purée ! Vous avez choisi du beau monde !

LAURENT.

– Oui. Un peu trop idéal, même.

CLARA.

– Un peu trop parfait…

AMALIA.

– Vous parlez de moi ?

PAUL.

– Mais non chérie, de moi !

CAROLINE.

– Hé, oh ! Les amoureux, lâchez-nous un peu ! En quoi c'est gênant qu'on soit parfait ?

CLARA.

– Et bien, ça n'est pas très représentatif…

LAURENT.

– Pas très réaliste.

CLARA.

– On s'est dit que pour l'enfant, ce serait mensonger de lui faire croire que tout est parfait ici-bas.

LAURENT.

– Que tout est luxe, calme et volupté…

AMALIA.

– Alors… ?

PAUL.

– Qu'est-ce que vous avez fait ?

CLARA, *à Laurent.*

– On leur dit ?

LAURENT.

– On leur dit !

CLARA.

– Et bien…

On sonne.

LAURENT.

– Ah ! Le voilà !

Il sort côté jardin.

Scène IV - Les mêmes, Jean-Christian.

On entend la voix de Jean-Christian sans le voir. Amalia est placée de telle sorte qu'elle voit qui vient d'entrer.

JEAN-CHRISTIAN.

– Bonsoir, Laurent.

AMALIA, *horrifiée.*

– Hein ?

PAUL.

– Qu'est-ce qu'il y a chérie ? Tu as vu un fantôme ?

AMALIA.

– Mais… mais…

CAROLINE.

– Quoi ? Qu'est-ce qu'il y a ?

Jean-Christian et Laurent entrent dans la pièce. Jean-Christian tient une bouteille et un bouquet de fleurs.

CAROLINE.

– Ah, ça par exemple ! Vous êtes devenus fous ?

JEAN-CHRISTIAN, *à Clara.*

– Tu vois que ce n'était pas une bonne idée.

AMALIA, *à Clara.*

– Ah, parce que c'est toi qui l'as invité ?

CLARA.

– Oui.

LAURENT.

– Non, c'est nous.

CAROLINE.

– Et… On peut savoir pourquoi ?

LAURENT, *il regarde Clara.*

– Tu leur dis ?

CLARA, *elle lui sourit.*

– J'aimerais bien que ce soit toi.

LAURENT.

– Bon, d'accord, je vais vous expliquer. *(Il se concentre un moment.)* Au départ, c'est une idée de Clara, mais je suis d'accord avec elle. Nous pensons que ce qui va arriver est plus important que le passé. Nous pensons que ce petit groupe de gens que nous sommes est ce qu'il peut nous arriver de mieux pour entourer la naissance du bébé. Nous pensons que nous avons conçu cet enfant lorsque nous sommes arrivés parmi vous, parmi vous tous, et nous aimerions que ce soit ce groupe, au complet, qui l'accueille.

CLARA.

– Alors comme il va certainement arriver pendant que vous fêterez Noël en famille, nous avons eu envie d'essayer de vous rassembler tous, pour être… les bonnes fées qui se penchent sur le berceau. D'accord, il n'est pas encore né, mais je le sens là, bien vivant, qui nous écoute…

LAURENT.

– En fait, nous avons eu envie de lui fabriquer une famille sur mesure parce que les nôtres ne nous plaisent pas beaucoup. Et comme dans toutes les familles, il y a un beau-frère un peu chiant… On a invité Jean-Christian ! Non, je rigole. *(À Jean-Christian.)* Je voulais aussi m'excuser. La plaisanterie est allée trop loin et… ce n'était pas très drôle.

Un grand silence gêné.

JEAN-CHRISTIAN.

– Heu… merci.

AMALIA, *elle s'approche de lui, bras croisés, très froide.*

– Et qu'est-ce que tu es devenu ? *(Elle hésite puis s'écarte dans un mouvement de colère.)* Putain ! J'y arriverai pas ! *(Elle se met à l'écart en tournant le dos au groupe.)*

PAUL, *il tend la main à Jean-Christian.*

– Je ne sais pas si tu es le bienvenu mais, bonjour quand même.

JEAN-CHRISTIAN.

– Bonjour Paul.

CAROLINE, *glaciale.*

– Salut. *(Elle aussi s'écarte du groupe et lui tourne le dos.)*

LAURENT.

– Bon ! On danse ?

AMALIA, *en colère.*

– Mais enfin, vous vous prenez pour qui ? Vous croyez que parce que vous êtes heureux vous allez changer la face du monde ? Vous croyez que ça me fait plaisir de me retrouver en face de… en face de ça ?

JEAN-CHRISTIAN.

– Pardonne-moi, Amalia… Je… Je suis désolé.

AMALIA, *elle l'imite.*

– « Je suis désolé » et je suis censée te croire ? C'est encore un de tes trucs à la mords-moi le nœud pour manipuler le monde ? *(À Clara.)* Je ne peux pas ! Il s'est trop foutu de moi ! Je pourrais peut-être le revoir, dans dix ans, dans cent ans, mais maintenant c'est beaucoup trop tôt.

Elle sort en claquant la porte.

PAUL.

– Excusez-moi…

Il sort après elle.

Scène V - Clara, Laurent, Caroline, Jean-Christian.

CLARA.

– Merde.

CAROLINE.

– Ça…

LAURENT.

– Je crois qu'ils n'ont pas trouvé ça drôle.

JEAN-CHRISTIAN.

– Je vais partir, c'est de ma faute.

CLARA.

– Au point où on en est, ce serait con ! Foutu pour foutu, tu peux aussi bien rester…

LAURENT.

– Allez… j'ai préparé des toasts au fromage… Je suis sûr qu'ils vont revenir !

CAROLINE.

– Ne serait-ce que pour te casser la gueule…

JEAN-CHRISTIAN, *il tombe assis sur un fauteuil, effondré.*

– Bah ! Au point où j'en suis, qu'est-ce que ça pourrait bien faire ? De toute façon je suis foutu…

CAROLINE, *intéressée.*

– Ah ouais ?

Jean-Christian fait signe que oui.

CAROLINE.

– Foutu… mais foutu comment ?

JEAN-CHRISTIAN.

– Foutu, foutu.

CAROLINE.

– T'as le Sida ?

JEAN-CHRISTIAN.

– Mais non !

CAROLINE.

– Alzheimer ?

JEAN-CHRISTIAN.

– Non plus !

CAROLINE.

– T'es malade ?

JEAN-CHRISTIAN.

– Non. Enfin, je ne crois pas.

CAROLINE.

– Ben alors t'es pas foutu ! Qu'est-ce que tu racontes ?

JEAN-CHRISTIAN.

– J'ai été radié !

LAURENT.

– Tu bosses dans le nucléaire ?

JEAN-CHRISTIAN.

– Mais non, radié, pas irradié !

LAURENT.

– Oh pardon…

JEAN-CHRISTIAN.

– J'ai été radié de la PNL…

CLARA.

– Oh ! Sans dec' !

CAROLINE.

– Radié pour faute ?

JEAN-CHRISTIAN.

– Radié parce que je n'avais pas payé le stage…

LAURENT.

– Ah oui, le truc là, avec les ninjas !

CAROLINE.

– C'est plutôt une bonne nouvelle non ?

JEAN-CHRISTIAN.

– Je ne sais rien faire d'autre. Je suis trop nul. Je mens et je triche depuis toujours.

CLARA.

– Et là, tu mens ?

JEAN-CHRISTIAN.

– Je n'en sais rien. C'est bien possible. Je ne sais plus faire la différence.

CLARA.

– Aaaaaah !

LAURENT.

– Quoi, aaaaah ?

CLARA.

– Ça y est !

LAURENT.

– Comment ça, ça y est ?

CLARA.

– Ça a commencé ! Je perds les eaux !

Une grande quantité d'eau se déverse sous elle.

LAURENT.

– Nom de Dieu !

CAROLINE.

– Quoi ? Qu'est-ce qu'il y a ?

LAURENT.

– C'est le bébé ! C'est les eaux ! Il arrive !

JEAN-CHRISTIAN.

– Mais, mais… Pourquoi ?

LAURENT.

– Pour voir la tête que t'as, tiens ! Viens m'aider !

JEAN-CHRISTIAN.

– Moi ?

Laurent l'entraîne au dehors. Ils reviennent presque aussitôt avec un seau, un balai et une serpillière et commencent à nettoyer par terre.

CLARA, *toute excitée.*

– T'as vu ? T'as vu la quantité ? C'est dingue non ?

CAROLINE.

– Il faut aller à l'hôpital !

LAURENT.

– Non, non. On a tout prévu. Le bébé va naître ici.

JEAN-CHRISTIAN.

– Hein ? Vous êtes dingues !

CAROLINE.

– Mais pourquoi ?

CLARA.

– Parce qu'ici c'est chez lui…

LAURENT.

– Chez nous.

JEAN-CHRISTIAN.

– Mais enfin… Les bébés, ça se fait à l'hôpital !

CLARA.

– Ah bon ? Nous, on l'a fait dans la chambre je crois.

LAURENT.

– Pas sûr… C'était peut-être dans la voiture…

CLARA.

– Ah oui, je me rappelle. Hmm, c'était bien ! Ou peut-être dehors, tu te rappelles ? Sous les étoiles…

LAURENT.

– Ah oui… Il y avait un arbre au-dessus de nous.

CLARA.

– Aaaah !

CAROLINE.

– Quoi, qu'est-ce qu'il y a ?

CLARA.

– Rien, c'est rien… Juste une contraction…

LAURENT.

– Ça fait mal ?

CLARA, *radieuse.*

– Oui, non, je ne sais pas… Je voudrais m'allonger.

> *Elle s'appuie sur Laurent.*

LAURENT, *à Jean-Christian.*

– Mais fais quelque chose ! Tu vois bien qu'elle veut s'allonger !

JEAN-CHRISTIAN.

– Mais, mais je fais quoi ?

CAROLINE.

– Ahlàlà, mais quel cornichon ! Va chercher des coussins, des trucs.

Elle l'entraîne au-dehors.

Scène VI - Clara, Laurent.

CLARA, *appuyée sur le bras de Laurent, pliée en deux par les contractions et le visage illuminé par un immense sourire.*

– Ça va Laurent ?

LAURENT.

– Même pas peur !

CLARA.

– Comme tu es fort !

LAURENT.

– Ben encore heureux ! T'es drôlement lourde !

CLARA.

– Tu vas voir, je vais redevenir légère bientôt. Mais il faut que tu me soutiennes encore un peu.

LAURENT.

– Je t'aime !

CLARA.

– Oui, je sais… Aaaaah !

LAURENT.

– Essaye de faire des phrases ! C'est pas clair !

CLARA, *elle rit.*

– Qu'est-ce que t'es con !

LAURENT.

– Et voilà ! On essaye de détendre l'atmosphère et on se fait insulter.

Il s'essuie les yeux.

CLARA.

– Tu pleures ?

LAURENT.

– Tu me prends pour une gonzesse ?

CLARA.

– T'as le droit tu sais, tant que tu ne me lâches pas…

LAURENT.

– Tu peux compter sur moi.

CLARA.

– Je sais.

LAURENT.

– Bon, qu'est-ce qu'ils font les deux comiques ?

CLARA.

– T'inquiète pas, tout va bien se passer !

LAURENT.

– Tout va bien se passer tu parles ! T'as vu le bordel que t'as foutu !

CLARA.

– Les enfants, c'est comme ça. Ça fout le bordel !

LAURENT.

– Putain, si j'avais su…

CLARA.

– Tu veux bien arrêter de dire des gros mots en sa présence ?

LAURENT.

– Alors, il est même pas encore là et déjà je peux pas dire ce que je veux…

CLARA.

– Pauvre Laurent !

LAURENT.

– Tu crois que je pourrai jouer au foot avec lui ?

CLARA.

– Il va falloir attendre un petit peu…

LAURENT.

– Rhâh tu vois, et je peux même pas faire ce que je veux, non plus…

Scène VII - Les mêmes Jean-Christian, Caroline.

Jean-Christian et Caroline reviennent les bras chargés d'oreillers, de couvertures et de tout un paquet de trucs qu'ils mettent par terre pour faire un lit à Clara.

À parti de ce moment, Clara est allongée sur le dos, la tête vers le public qui ne voit que sa nuque.

LAURENT.

Jean-Christian Ah, merci ! Voilà. Allonge-toi.

Clara s'allonge.

CLARA.

– Aaah, merci beaucoup. Je suis bien, merci.

JEAN-CHRISTIAN.

– De rien… Tu es sûre que ça va ?

CLARA.

– Oui, Jean-Christian. Ça va très bien, merci.

CAROLINE.

– Vous êtes sûrs que vous ne voulez pas appeler l'hôpital ou quelqu'un ?

LAURENT.

– Clara ?

CLARA.

– Non. Ça va, merci. Ne t'inquiète pas, Caroline. Nous avons pris notre décision depuis longtemps. Il y a une sage-femme que nous pouvons appeler en cas de besoin. Mais pour le moment, tout va bien.

JEAN-CHRISTIAN.

– Est-ce qu'il y a quelque chose que je peux faire pour vous ?

CLARA.

– Oui. Tu peux essayer de retrouver Paul et Amalia, et tu leur dis que j'aimerais qu'ils soient là.

JEAN-CHRISTIAN.

– Tu… Tu es sûre ?

CLARA.

– S'il te plaît…

LAURENT.

– Je viens avec toi.

CLARA.

– Ne pars pas trop longtemps !

LAURENT.

– On va juste faire la tournée des bistrots et puis on revient.

CLARA.

– Super ! Merde Laurent, c'est pas drôle ! Embrasse-moi.

LAURENT, *il l'embrasse.*

– Je vais faire le plein d'histoires drôles et je reviens, promis !

CLARA.

– Baisse un peu la lumière en sortant.

LAURENT.

– Attends, je te mets de la musique.

Musique.

Laurent et Jean-Christian sortent. La lumière baisse un peu.

Scène VIII - Clara, Caroline.

Caroline s'installe auprès de Clara. Il y a un long moment de silence

CAROLINE.

– Ça va ?

CLARA.

– Oh oui… *(Un silence.)* Caroline ?

CAROLINE.

– Oui.

CLARA.

– Tu as des enfants ?

CAROLINE.

– Non.

CLARA.

– Tu n'as jamais été enceinte ?

CAROLINE.

– Si, mais pas longtemps.

CLARA.

– Tu n'en veux pas ?

CAROLINE, *après un silence.*

– Je pense que non.

CLARA.

– Tu n'en as jamais voulu ?

CAROLINE.

– Je ne sais pas. Quand j'étais jeune, j'avais envie d'être mère. Mais je ne sais pas si c'était moi qui en avais envie ou si c'était quelque chose d'appris... Toutes les adolescentes ont envie un jour ou l'autre d'avoir un bébé, ne serait-ce que pour voir ce que ça fait.

CLARA.

– Moi, j'ai très envie de voir ce que ça fait.

CAROLINE.

– C'est comment ?

CLARA.

– C'est... Je ne saurais même pas dire. Ça me fait peur, et en même temps, j'ai l'impression de faire quelque chose de tellement important ! J'ai le trac. Il y a neuf mois qu'on se connaît lui et moi, mais c'est maintenant qu'on va faire connaissance.

Elle pleure.

CAROLINE.

– Pourquoi tu pleures ?

CLARA.

– J'espère qu'il ne sera pas déçu quand il me verra !

CAROLINE, *elle rit.*

— Il faudrait vraiment qu'il ait un goût de chiotte !

CLARA.

— C'est vrai, tu me trouves belle ?

CAROLINE.

— Oui. Je te trouve très belle. Je t'ai tout de suite trouvée très belle, depuis le premier jour où je t'ai vue. Et plus tu étais enceinte, et plus tu étais belle.

CLARA, *elle rit.*

— Tu dis ça parce que tu es amoureuse…

CAROLINE, *riant aussi.*

— C'est bien possible.

CLARA.

— Aaaaah !

    La contraction passe, Clara se détend.

CAROLINE.

— Tu as mal ?

CLARA.

— Oui, non, je ne sais pas. C'est fort.

CAROLINE.

— Comment ça fait ?

CLARA.

— Ça fait… Comme quand tu as mal pendant les règles, tu vois ?

CAROLINE.

– Oui.

CLARA.

– C'est comme ça, mais beaucoup plus grand, et tu as le ventre qui devient dur… Donne ta main. Tu vas la poser sur mon ventre, comme ça, tu sentiras.

Caroline pose sa main sur le ventre de Clara.

CAROLINE.

– Il est tendu comme un ballon.

CLARA.

– Oui. Il doit être tout serré là-dedans. Il est temps de sortir ! *(Un silence.)* Caroline ?

CAROLINE.

– Oui ?

CLARA.

– Je suis contente que tu sois là.

CAROLINE.

Tu veux que je reste ?

CLARA.

– Oui, s'il te plaît. Tu veux bien ?

CAROLINE.

– Oui, ça me fait plaisir. Mais Laurent ? Qu'est-ce qu'il va dire ?

CLARA.

– On en a déjà parlé. Lui aussi il aimerait que tu sois là.

CAROLINE.

– Alors c'est avec plaisir.

CLARA.

– Tu sens ? Il y en a une qui arrive… Aaaaah !

CAROLINE.

– Oh, mon Dieu !

Entrent Paul et Laurent.

Scène IX - Les mêmes, Paul, Laurent.

Paul et Laurent retirent leurs manteaux.

LAURENT.

– C'est nous !

CLARA.

– Vous avez perdu les autres ?

LAURENT.

– Amalia est restée dehors avec Jean-Christian. Ils ont des choses à se dire.

PAUL, *très gentiment.*

– Alors petite fille, c'est le grand moment !

CLARA.

– C'est gentil de me dire petite fille, Paul, mais je suis grande maintenant tu sais…

CAROLINE.

– Oh, pas tant que ça…

LAURENT.

– Paul ne voulait pas entrer. Il ne voulait pas déranger.

CAROLINE.

– Paul a toujours peur de déranger ! C'est comme ça !

CLARA.

– Paul ?

PAUL.

– Oui, Clara.

CLARA.

– Ça ne me dérange pas que tu sois là. Ça me fait plaisir.

PAUL.

– Merci.

CLARA.

– Tu as des enfants ?

PAUL.

– J'ai un fils. Il est grand maintenant.

CLARA.

– Tu l'as vu naître ?

PAUL.

– Non.

CLARA.

– Tu aurais aimé ?

PAUL.

– J'ai refusé d'y assister. J'avais peur. Et ma femme n'avait pas envie que je sois là, que je la voie comme ça… *(Un silence.)* Oui, j'aurais aimé y assister. Mais, à l'hôpital…

CLARA.

– Paul, ça me ferait plaisir que tu voies naître mon enfant. Tu veux bien ?

PAUL.

– Je ne sais pas… Qu'est-ce que tu en dis Laurent ?

LAURENT.

– Ça me ferait plaisir aussi.

CAROLINE.

– Mais dites donc, il va y avoir foule !

PAUL.

– Ah parce que toi aussi ?

CAROLINE.

– Oui. Ça t'ennuie ?

PAUL.

– Non, au contraire.

CAROLINE, *très émue.*

– Oh, Paul…

La lumière baisse un peu. Musique

Les uns et les autres vont et viennent dans la pièce sauf Clara, qui reste allongée. Laurent remplace Caroline auprès d'elle. Caroline et Paul dansent un slow très lent et très tendre. La musique s'arrête. La lumière revient.

Entre Jean-Christian.

Scène X - Les mêmes, Jean-Christian.

PAUL.

— Où est Amalia ?

JEAN-CHRISTIAN.

— Elle est repartie chez elle chercher quelque chose. Elle revient.

CLARA.

— Vous avez pu parler ?

JEAN-CHRISTIAN.

— Oui.

Un silence.

LAURENT.

— Et… ?

JEAN-CHRISTIAN.

— Et… C'est bien…

CAROLINE, *ironique.*

— Que d'émotion !

JEAN-CHRISTIAN.

— Qu'est-ce que tu veux que je te dise… On s'est parlé pour la première fois depuis… On s'est parlé pour la première fois. Ça me fait drôle, je ne comprends même pas ce que je dis.

LAURENT.

– Comment ça ?

JEAN-CHRISTIAN.

– Tu vois, je parle, et j'écoute ce que je dis… Je m'entends, j'entends ce que je dis.

PAUL.

– Ah oui, je comprends. Avant, tu n'écoutais que ce que disaient les autres.

CLARA, *prise de contraction.*

– Aaaaaah ! *(Elle les regarde en se marrant.)* Non, je rigole !

CAROLINE.

– C'est malin !

LAURENT.

– Hé, oh ! Les blagues nulles, ici, c'est moi qui les fais !

JEAN-CHRISTIAN.

– Ça…

LAURENT.

– Tu sais, Jean-Christian, je m'excuse pour l'autre fois. C'est allé vraiment trop loin. J'ai été con.

JEAN-CHRISTIAN.

– Mais je ne t'en veux pas. Enfin, pas trop. Je crois que ça m'a fait du bien.

PAUL.

– En tout cas, à nous, c'est sûr que ça a fait du bien. Et à Amalia aussi.

JEAN-CHRISTIAN.

– Je sais. On vient d'en parler justement. C'est bien de pouvoir fermer la porte et tout ça. On s'est dit de vraies choses.

CLARA.

– Mais bon. Ça nous regarde pas vraiment, non plus…

CAROLINE.

– Même, on s'en fout complètement !

JEAN-CHRISTIAN.

– OK, OK ! Je me tais !

CLARA.

– Jean-Christian.

JEAN-CHRISTIAN.

– Oui ?

CLARA.

– Est-ce que tu veux bien rester là pour l'accouchement ?

JEAN-CHRISTIAN.

– Holàlà ! Mais pour quoi faire ?

CLARA.

– Parce que j'ai envie.

JEAN-CHRISTIAN.

– C'est une drôle d'idée…

LAURENT.

– C'est pas une idée, c'est une envie. C'est parce qu'elle est enceinte. T'avais pas remarqué ?

PAUL.

– Attendez ! Tout à l'heure, avant que tu arrives, Jean-Christian, Clara nous a dit qu'elle t'avait invité…

CLARA.

– Pour que le bébé sache que tout n'est pas parfait ici-bas !

JEAN-CHRISTIAN, *il éclate de rire.*

– C'est pour ça ? Alors ça me va. Vous, vous serez les bonnes fées, et moi je suis la fée Carabosse.

LAURENT.

– Mais tu fais gaffe hein ! J'ai pas envie que mon gamin dorme pendant cent ans ! On n'a même pas la télé…

PAUL.

– Parce que la belle au bois dormant elle avait la télé ?

LAURENT.

– À tous les coups ! Sinon c'est trop long…

CLARA.

– À moins d'avoir un prince charmant sous la main, pas vrai mon charmant prince ?

LAURENT.

– C'est gentil ça…

CAROLINE.

– Bon, si on gêne…

CLARA, *dans un spasme.*

– Aaaaah !

LAURENT.

– Arrête ton char, on n'y croit plus maintenant !

CLARA, *plus fort.*

– Aaaaah !

JEAN-CHRISTIAN.

– Non mais tu vois bien que c'est pas des conneries là !

LAURENT.

– Et qu'est-ce que t'y connais, Carabosse ? C'est ma femme, je sais ce que je dis !

CLARA, *encore plus fort.*

– Aaaaah !

LAURENT.

– Quoi ? Qu'est-ce qu'il y a ? Tu as mal ? Putain Jean-Christian, elle a mal, fais quelque chose !

JEAN-CHRISTIAN.

– Mais qu'est-ce que tu veux que je fasse ?

LAURENT.

– Mais comment tu veux que je le sache ?

CLARA, *la contraction s'arrête, elle rigole, épuisée.*

– Quelle bande de nuls ! Aïe, j'ai mal au ventre…

PAUL.

– Hé, les nuls c'est eux ! Moi, j'ai rien fait !

CAROLINE.

– Et t'en es fier !

PAUL.

– Je ne suis pas sage-femme moi !

CAROLINE.

– Ouais… Mais comme homme, moi je te trouvais plutôt trop sage…

PAUL, *avec un petit sourire plein de sous-entendus.*

– En ce moment, ça s'arrange.

Scène XI - Tous.

Entre Amalia. Elle porte un panier.

AMALIA.

– On parle de moi ?

CAROLINE.

– Oui, parfaitement ! Paul allait nous livrer des détails croustillants sur votre vie sentimentale…

AMALIA.

– Ah… Je suis arrivée trop tôt alors…

JEAN-CHRISTIAN.

– On dirait !

AMALIA, *presque en colère.*

– Jean-Christian ? Tu es encore là ?

JEAN-CHRISTIAN.

– On dirait !

LAURENT.

– Laisse, Amalia, il a un rôle !

PAUL.

– C'est lui la fée Carabosse !

CLARA, *elle rit.*

– Me faites pas rigoler, ça me fait mal.

AMALIA.

– Ah oui, c'est vrai que c'est un accouchement ! *(Elle regarde autour d'elle.)* On dirait plutôt un gros bordel… Heureusement que je suis là !

CAROLINE.

– Pourquoi ? T'es passée à ta pharmacie pour rappeler à Clara que quand on accouche c'est qu'on est malade ?

AMALIA.

– Pour qui tu me prends ? Je suis passée à la maison, parce que, mes cocos, un accouchement, surtout quand c'est le premier, c'est long, très long !

JEAN-CHRISTIAN.

– Et alors ?

AMALIA.

– Et alors, je suis allée chercher de quoi manger, mes petits amis ! Du pain, du jambon, des cornichons, du fromage… De quoi tenir un moment.

LAURENT, *il prend un sandwich dans le panier.*

– Et tu crois qu'on va avoir le cœur à manger dans un moment pareil ?

AMALIA.

– Heu, oui.

LAURENT.

– Eh bien t'as bien raison ! *(Il mord à belles dents dans le sandwich.)*

CLARA.

– Aaaaaah !

LAURENT.

– Quoi ?

CLARA.

– Et moi !

PAUL.

– Mais c'est pas de façons de demander ça !

CLARA.

– M'en fous, la vedette du jour c'est moi, j'ai tous les droits ! Aaaaah !

AMALIA, *elle fouille dans son panier.*

– J'ai aussi apporté un jeu de cartes…

La lumière baisse presque jusqu'au noir.

Scène XII - Tous.

Retour de la lumière. C'est la nuit, plus tard. Ils dorment tous sauf Jean-Christian. Caroline se réveille.

CAROLINE, *chuchotant.*

– Tu dors pas ?

JEAN-CHRISTIAN, *même jeu.*

– Non.

CAROLINE.

– Tu réfléchis ?

JEAN-CHRISTIAN.

– Je sais pas. Ça tourne dans ma tête… Je sais pas si c'est ça, réfléchir.

CAROLINE.

– Tu regrettes ?

JEAN-CHRISTIAN.

– Oui, non, je sais pas.

CAROLINE.

– Ça t'emmerde mes questions ?

JEAN-CHRISTIAN.

– C'est drôle qu'on soit là, comme ça…

CAROLINE.

– Ouais.

JEAN-CHRISTIAN.

– Je me demande ce que je fais là.

CAROLINE.

– La fée Carabosse.

JEAN-CHRISTIAN.

– Arrête…

CAROLINE.

– La fée PNL si tu veux… C'est pareil…

JEAN-CHRISTIAN.

– Comment ça ?

CAROLINE.

– Elle ment, elle jette des mauvais sorts…

JEAN-CHRISTIAN.

– La PNL ne lance pas de mauvais sorts…

CAROLINE.

– Elle fait croire aux gens qu'ils peuvent en lancer, c'est pareil…

JEAN-CHRISTIAN.

– C'est pas des sorts !

CAROLINE.

– C'est de la manipulation, c'est pareil…

JEAN-CHRISTIAN.

– Mouais…

CAROLINE.

– Ici, dans un accouchement, tu ne peux rien manipuler, tout est… essentiel, même ce que tu ne comprends pas.

JEAN-CHRISTIAN.

– Alors, comment tu fais en face de ce qui est essentiel ?

CAROLINE.

– Je ne sais pas, je n'ai jamais eu d'enfants…

JEAN-CHRISTIAN.

– T'es con.

CAROLINE.

– Mais il y a certainement mieux à faire que d'imiter l'autre non ?

JEAN-CHRISTIAN.

– Je sais pas…

CAROLINE.

– Ouais. Tu sais pas grand-chose hein ?

JEAN-CHRISTIAN.

– P'têt'bien.

Laurent se réveille.

LAURENT.

– Vous dormez pas ?

CAROLINE.

– Si, mais on parle en dormant…

LAURENT.

– Même pas vrai…

CAROLINE.

– Qu'est-ce que tu fais devant les choses essentielles toi ?

LAURENT.

– Ben… En général j'essaie de voir si je peux les éviter…

CAROLINE.

– Mais là, la naissance de ton petit, c'est essentiel non ?

LAURENT.

– Ouais… Ben, j'ai dormi, je crois.

CAROLINE.

– Pff…

JEAN-CHRISTIAN.

– Toi aussi, Caroline tu as dormi. T'as même ronflé !

CAROLINE.

– Mais moi je ne suis pas son père à ce môme…, pas sa mère non plus d'ailleurs.

JEAN-CHRISTIAN, *jette un œil du côté de Clara.*

– De toute façon elle dort aussi.

LAURENT.

– Tant mieux…

CAROLINE.

– Faudrait quand même qu'elle se réveille pour pas rater la fin…

LAURENT, *il rit.*

– T'es con…

CLARA.

– Aaaaah !

AMALIA, *en sursaut, dans son sommeil.*

– Hein ? Quoi ? Qu'est-ce qu'il y a ?

Paul la prend contre lui en rêvant. Il parle mais on ne comprend rien.

PAUL.

– Rmgngnrmgn.

Amalia et Paul se rendorment, enlacés.

CAROLINE.

– Quelle nuit à la con !

JEAN-CHRISTIAN.

– Ça ne te plaît pas ?

CAROLINE.

– J'ai pas dit ça…, j'ai juste dit que c'était une nuit à la con.

LAURENT.

– Moi, c'est la plus belle nuit de ma vie.

CAROLINE.

– Tu parles ! T'as dormi…

LAURENT.

– Je vais faire du café.

JEAN-CHRISTIAN.

– Je viens t'aider. On sera pas trop de deux…

CAROLINE.

– Allez-y, je veille !

Ils sortent.

CAROLINE, *après un silence.*

– Moi aussi c'est la plus belle nuit de ma vie…

CLARA.

– Caroline !

CAROLINE.

– Oui, quoi ?

CLARA.

– Ça y est !

CAROLINE.

– Quoi… ? *(Elle réalise.)* Hein ? Déjà ? *(Elle se lève précipitamment.)* Hé ! Réveillez-vous ! Faites quelque chose ! Ça y est !

AMALIA.

– Paul, réveille-toi ! Ça y est, il arrive !

PAUL, *complètement dans les vapes.*

– Ah oui… Très bien, il arrive… Oui, oui…

CLARA, *dans un grand cri d'effort.*

– Aaaaah ! Laurent ! Nom de Dieu de nom de Dieu que ça fait mal !

CAROLINE, *vers la cuisine.*

– Laurent ! Viens ! C'est maintenant

JEAN-CHRISTIAN, *sort de la cuisine.*

– Quoi ? *(Vers la cuisine.)* Laurent, vite !

LAURENT, *sort à son tour, il se précipite vers Clara.*

– Clara, je suis là, tout va bien, c'est bon, c'est bon…

Laurent se met à genoux devant Clara. Tous les autres viennent s'installer derrière lui, les yeux rivés sur l'accouchement. Clara pousse de toutes ses forces et tous, ils imitent exactement les mimiques de son visage, ils ouvrent la bouche quand elle crie, portent la main à leur visage quand elle le fait, agrippent le bras de leur voisin quand elle attrape celui de Laurent.

Jean-Christian se met à l'écart.

LAURENT.

– Je vois sa tête !

CLARA.

– Ben c'est pas trop tôt ! Aaaaah !

AMALIA.

– Aaaaah !

CAROLINE.

– Aaaaah !

PAUL.

– Aaaaah !

CLARA.

– J'y arrive pas !

TOUS ENSEMBLE.

– Mais si, allez, courage, pousse, vas-y, pousse encore, allez, c'est bon, ça y est presque !

LAURENT.

– Ça y est, il sort !

CAROLINE.

– Oh mon Dieu !

CLARA.

– Mon bébé !

Laurent lui pose le bébé sur le ventre. Ils sont tous hors d'eux-mêmes, ils rient, ils pleurent, ils s'embrassent, ils se félicitent. Clara reste seule avec son bébé dans les bras, exténuée.

Après un long moment de liesse.

PAUL.

– Qu'est-ce qui ne va pas Jean-Christian ?

JEAN-CHRISTIAN.

– Je… Je ne veux plus faire ça.

PAUL.

– Faire quoi ?

JEAN-CHRISTIAN.

– Vous êtes tous devant Clara qui accouche, vous m'avez tous dit qu'on ne résout aucun problème en imitant celui qui vous parle, mais c'est exactement ce que vous faites. Elle pousse, vous poussez, elle respire, vous respirez, elle souffre, vous souffrez…

AMALIA.

– Ben oui, c'est de l'empathie !

CAROLINE.

– Toi, quand tu fais ça, c'est de la manipulation.

JEAN-CHRISTIAN.

– C'est quoi la différence ? Vous croyez que quand vous faites les mêmes mouvements que Clara vous l'empêchez d'avoir mal ?

LAURENT.

– Moi, je sais que je l'aide.

CLARA.

– Et c'est vrai ! Ça m'aide vraiment

JEAN-CHRISTIAN.

– Et pourquoi quand c'est moi, ça n'aide pas ?

PAUL.

– Sincèrement, Jean-Christian, tu avais envie d'aider quand tu faisais ça ?

AMALIA.

– Si tu dis oui, je ne te croirai pas.

CAROLINE.

– Au fait, c'est une fille ou un garçon ?

LAURENT.

– Je ne sais pas, je n'ai pas vu…

AMALIA.

– Ben bien sûr ! Tu pleurais trop !

JEAN-CHRISTIAN.

– Paul, t'as vu toi ?

PAUL.

– Non, rien du tout…

LAURENT.

– Clara… Clara ? *(Il s'approche d'elle très tendrement.)*
Chut ! Regardez, elle dort !

Ils s'approchent tous d'elle et prennent tous l'expression apaisée et heureuse de Clara avec son bébé.

Fin

ADO-MISSILES

Comédie

Pierre Launay

TABLE

PERSONNAGES

Clarisse, adolescente,
Kévin, adolescent,
Alyssa, adolescente,
Madame Berthier, garde-malade,
Myriam, adolescente,
Sacha Friedman, en fin de vie.

ACTE I.

La scène est à la terrasse d'un bar. Guéridon chaises…

Scène I, Kévin, Clarisse puis Alyssa.

Clarisse est seule avec son portable. Elle tapote, écrit, envoie, répond… Kévin est à une table à côté seul avec son portable. Il écoute de la musique avec des écouteurs énormes.

Le téléphone de Clarisse sonne.

CLARISSE, *à part.*

– Putain c'est qui ! (Dans le téléphone) Ouais ? Hein ? Qui ça ? (Elle raccroche) Putain ! (Le tel sonne à nouveau, Clarisse décroche excédée.) Mais putain tu fais chier bordel qu'est-ce tu veux ? Ah c'est toi ? Ouais non mais c'est à cause de l'autre bouffon là… Ouais, non, non, ouais, ouais… Ouais… Trop ouais… Ouais… Ouais… Ben non, trop pas. Ça m'gave grave, déjà que l'autre fois… Nan… Nan, Nan… Ouais ben tu lui dis… Ouais ben tu peux lui dire… Oah l'autre !.. Bah non…
(Arrive Alyssa qui s'assied à la table de Clarisse.)
Ouais bah j'chais pas… Nan… Bon j'te laisse là pasque ouais… Ouais d'ac… D'ac… Allez à plus. *(À Alyssa.)* Ben qu'est-ce tu fous ! Ça fait deux millions d'années !

ALYSSA, *elle l'embrasse.*

– Mais ouais c'est ça ! T'es là depuis le big bang !

CLARISSE.

– Nan ! Avant ! C'est moi qu'a fait tout péter !

ALYSSA.

– Ah, tu vois ! Tu dis que tu casses rien…

CLARISSE.

– Moi j'ai dit je casse rien ?

ALYSSA.

– Bah ouais…

CLARISSE.

– Moi j'ai dit je casse rien ? Tu rêves ! Moi j'explose tout ! J'suis une super nova !

Kevin chantonne comme on fait quand on n'entend rien : trop fort et faux

ALYSSA, *à Clarisse en regardant Kevin.*

– Oh ! Tu gênes là…

CLARISSE.

– Mais non t'occupe… Il entend que dalle, tu peux dire ce que tu veux ! Regarde ! *(À Kevin.)* eh Bouffon ! T'en as pas marre de faire chier le monde ?

ALYSSA.

– Non mais t'es ouf !

CLARISSE.

– Ça risque rien je te dis ! Essaye ! Tu verras !

ALYSSA.

– Mais t'es dingue !

CLARISSE.

– Ouais t'as les jetons c'est tout, regarde… *(À Kevin, fort.)* Ça te dirait que ma copine elle te roule une pelle ?

KEVIN, *écartant un de ses écouteurs.*

– Hein ? Quoi ?

Alyssa est prise d'un fou rire

CLARISSE.

– Tu veux pas baisser un peu ta musique, là ? On s'entend plus !

KEVIN.

– Holàlà… OK d'accord, j'me casse…, c'est pas cool là, pas cool du tout là…

Il sort.

Scène II, Alyssa, Clarisse.

ALYSSA.

– Et t'aurais fait quoi s'il avait dit oui ?

CLARISSE.

– Moi, rien, c'est toi qui voulais…

Elles rigolent un moment

ALYSSA.

– Ah ben ça fait du bien

CLARISSE.

– Ben oui hein…

ALYSSA.

– Dis donc, j'ai trouvé un plan pour la thune…

CLARISSE.

– Oh ?

ALYSSA.

– Tu devineras jamais c'est quoi !

CLARISSE.

– Ben non, pis j'm'en fous…

ALYSSA.

– Allez… J'te jure, tu trouveras pas !

CLARISSE.

– Regarde ! *(Elle se lève et montre son visage.)* Je m'en fous !

ALYSSA.

– Putain Clarisse tu fais chier ! C'est un plan c'est trop naze, tu peux pas savoir !

CLARISSE.

– C'est quoi ? Tu couches avec le prof de math ?

ALYSSA.

– Arrête ! T'es con…

CLARISSE.

– Boh… Il est mignon.

ALYSSA.

– Putain tu fais chier tu penses qu'à ça ma parole !

CLARISSE.

– Avec lui oui… Pasque moi les maths…

ALYSSA.

– Mais c'est un vieux ! C'est dégueulasse ! Il a au moins trente ans !

CLARISSE.

– Bon, c'est quoi ton plan thune ?

ALYSSA.

– Ben c'est un vieux justement…

CLARISSE.

– Baaaah ! C'est dégueulasse !

ALYSSA.

– Mais non, t'es con ! Il fait rien…

CLARISSE.

– Et c'est toi qui fais tout ?

ALYSSA.

– Mais oui…, mais non…

CLARISSE.

– Tu fais tout ou pas ?

ALYSSA.

– Mais non, mais laisse… Tu m'embrouilles la tête !

CLARISSE.

– Alors… ?

ALYSSA.

– C'est un vieux. Il est dans son lit, il parle pas, il bouge pas, il a les yeux fermés.

CLARISSE.

– Il est mort ?

ALYSSA.

– Presque. Y'a quelqu'un qui vient pour des soins tous les jours et moi je viens lui parler…

CLARISSE.

–… de quoi ?

ALYSSA.

– Quoi de quoi ?

CLARISSE.

– Tu lui parles de quoi ?

ALYSSA.

– De n'importe quoi. Il faut juste que je lui parle. Alors je lui dis des trucs…

CLARISSE.

–… Mais des trucs comment ?

ALYSSA.

–… Mais n'importe ! Des fois je lui lis le journal…

CLARISSE.

– Quoi ? Tu lis le journal toi ?

ALYSSA.

– Moi, non, mais à lui, oui…

CLARISSE.

–… les nouvelles ? Comment Cahuzac il a niqué tout le monde et tout ça ?

ALYSSA.

– Des fois je lui raconte des trucs.

CLARISSE.

– Tu lui parles de moi ?

ALYSSA.

– Des fois…

CLARISSE.

– Tu lui dis quoi ? Tu lui dis que j'suis une fille bien ?

ALYSSA.

– Ah non ! Je peux pas mentir… !

CLARISSE.

– Saleté !

ALYSSA.

– Tu veux venir voir ?

CLARISSE.

– Ben…

ALYSSA.

– Si, si tu vas voir. Je te fais entrer et tu le verras…

CLARISSE.

– Ouais, mais…

ALYSSA.

– Mais ça craint rien, il t'entend pas, il parle pas…

CLARISSE.

– Mais pourquoi tu lui parles alors ?

ALYSSA.

– Pour rien, comme ça, c'est les docteurs, la famille, ils me filent la thune pour que je lui parle alors je lui parle…

CLARISSE.

– Bon. On y va c'est quand ?

Scène III, Alyssa, Clarisse.

La scène est dans une chambre. Un lit. La tête du lit est tournée vers le public. On ne voit que l'oreiller. Il y a un goutte-à-goutte au dessus. Et à côté du lit un appareil qui fait Bip… Bip… Très lentement. À l'ouverture du rideau Alyssa est hors champ.

ALYSSA *(On entend sa voix en coulisse.)*

– Oui Docteur, d'accord. Au revoir. *(Elle entre en scène côté cour, son téléphone à la main.)* Clarisse ? OK c'est bon il est parti, tu peux venir. *(Elle raccroche.)* *(Au malade.)* C'est ma copine Clarisse. Je vous ai déjà parlé d'elle. Elle vient pour voir à quoi vous ressemblez. *(On sonne.)* Ah ! C'est elle.

Elle sort côté cour et revient avec Clarisse.

CLARISSE.

– C'est lui là ?

ALYSSA.

– Ben ouais…

CLARISSE.

– Putain, ça fout trop les boules !

ALYSSA.

– Viens lui dire bonjour…

CLARISSE.

– Non ! Putain t'es con…

173

ALYSSA.

– Mais il entend que dalle ! *(Au malade.)* Hein que t'entends que dalle ! *(À Clarisse.)* Tu vois ?

CLARISSE.

– Putain mais ça me fout les boules ! J'en ai jamais vu d'aussi près.

ALYSSA.

– De quoi ?

CLARISSE.

– Des morts…

ALYSSA.

– Mais il est pas mort !

CLARISSE.

– Ben justement ! C'est pire !

ALYSSA.

– Oh là là… Quelle trouillarde !

CLARISSE.

– Non mais c'est juste parce que j'imagine…

ALYSSA.

– Mais tu lui parles et pis c'est tout… Tiens regarde. *(Au malade)* Ça vous dirait que ma copine elle vous roule une pelle ?

CLARISSE.

– Putain mais t'es con !

ALYSSA.

– Ben quoi, hier ça te faisait marrer… *(Au malade.)* Elle est vachement bonne vous savez !

CLARISSE.

– Putain mais arrête, là ! C'est relou ! T'es trop con ! C'est naze !

ALYSSA, *prise de fou rire.*

– T'as les boules hein !

CLARISSE.

– Putain, mais ma parole t'as pas de respect !

ALYSSA, *se calme puis…*

– Tu vas pas arrêter de dire « putain, putain, putain » la respectueuse ?

CLARISSE.

– Merde !

ALYSSA.

– Ah, c'est mieux…

CLARISSE *(Elle s'approche du lit.)*

– Comment tu sais qu'il est pas mort ?

ALYSSA.

– C'est le truc là. Quand ça fait bip, il est pas mort.

CLARISSE.

– Et si tu le débranches ?

ALYSSA.

– Ça fait plus bip.

CLARISSE.

– Alors il est mort ?

ALYSSA.

– Je sais pas… Je crois pas. C'est quand on débranche le tuyau là qu'il est mort…

CLARISSE.

– La vache ! Tu coupes le tuyau et il est mort. Paf, comme ça…

ALYSSA.

– Ouais. Comme ça.

CLARISSE.

– Putain…

ALYSSA.

– Tu peux rester un peu ?

CLARISSE.

– Hein ? Toute seule ?

ALYSSA.

– Bah oui, j'ai un truc là…

CLARISSE.

– Tu veux me laisser toute seule avec le… Le chose là ?
T'es ouf ! T'es complètement ouf !

ALYSSA.

– Bon, bon… Tant pis…

CLARISSE.

– Non mais tu te rends compte ? T'es complètement…
Y faut être complètement… T'es complètement…

ALYSSA.

– Bon, ça va ! OK, j'ai capté ! C'est non…

CLARISSE.

– Non…

ALYSSA.

– Parce que t'as les jetons…

CLARISSE.

– J'ai pas les jetons !

ALYSSA.

– Tu pètes de trouille ! Y va pas te manger hein !

CLARISSE.

– Et y mange quoi ?

ALYSSA.

– Y mange du tuyau là…

CLARISSE.

– Baaah… ! Et si y pisse ?

ALYSSA.

– Il a des couches…

CLARISSE.

– Et si y chie ?

ALYSSA.

– Il a des couches je te dis…

CLARISSE.

– Et tu lui changes ?

ALYSSA.

– Mais non ! Y a quelqu'un qui vient pour ça deux fois par jour.

CLARISSE.

– Et si y chie juste après, quand l'autre il est parti ?

ALYSSA.

– Je sais pas. Ça l'a pas fait encore.

CLARISSE.

– Et si y se réveille ?

ALYSSA.

– Il se réveillera pas y parait. C'est juste un légume il a dit le docteur.

CLARISSE.

– Alors pourquoi tu lui parles si c'est une salade ?

ALYSSA.

– C'est pour si des fois y se réveillerait…

CLARISSE.

– Ah ! Tu vois !

ALYSSA.

– Je vois quoi ?

CLARISSE.

– Qu'y va se réveiller !

ALYSSA.

– Mais non…

Un silence assez long.

CLARISSE.

– Bon d'accord, vas-y…

ALYSSA.

– Quoi ?

CLARISSE.

– Faire ton truc…

ALYSSA.

– Tu veux rester ?

CLARISSE.

– Ben ouais…

ALYSSA *(En se préparant)*

– T'as qu'à changer d'avis !

CLARISSE.

– Ben ouais justement… T'en as pour longtemps ?

ALYSSA.

– Non, non…

CLARISSE.

– C'est un mec ?

ALYSSA.

– T'occupe !

CLARISSE.

– Bon. Alors ça va être long… Tu me fileras la thune ?

ALYSSA.

– Ouais, bien sûr !

CLARISSE.

– Alors à tout'. Soyez sages hein…

ALYSSA.

– Vous aussi !

Elle sort

Clarisse va vers le lit. Elle regarde un moment le malade. Puis, très gentiment…

CLARISSE.

– Bonjour, je m'appelle Clarisse… Je remplace Alyssa un moment… *(Face au public, elle s'aperçoit qu'elle a oublié quelque chose d'important)* Oh Putain de bordel ! *(Elle se précipite vers la porte et crie)* Nom de Dieu Alyssa ! Comment il s'appelle ?

Scène IV, Clarisse.

CLARISSE, *assise auprès du lit.*

–… Et alors le petit chaperon rouge, au lieu d'aller direct chez la vieille, il s'arrête dans tous les bistrots et à la fin il est raide caisse parce qu'il a rencontré des potes qui faisaient la teuf et ils se sont bâchés comme des oufs, et pendant ce temps-là le loup a buté la mémé à coups de clé à molette dans la chenillette des rats… *(Elle s'interrompt brutalement.)* Putain ça me gave grave le chaperon rouge ! Y'a pas autre chose qui t'intéresse ? Tu connais Lady Gaga ? Tiens écoute, tu vas voir !

> *(Elle sort son portable met ses écouteurs pour chercher la bonne plage puis quand elle a trouvé, lui en met un dans une oreille. Elle écoute en s'agitant et en parlant trop fort.)*

Tu kiffes ? C'est le dernier album ! Ça déchire hein ? Qu'est-ce tu dis ? Ouais, ouais… Mes parents y-z'aiment pas… 'sont trop vieux… Toute façon 'sont grave nuls…

> *(D'un coup emportée, elle arrête le portable et arrache les écouteurs.)*

Si ! J'te dis qu'y sont nuls… !!! Ma mère elle veut jamais que je sorte ! Elle va encore me faire une scène en rentrant ! Elle trouve tout nul : mes potes, mes fringues, ma musique, elle est moche et elle est con ! *(Au malade, comme s'il avait parlé.)* Quoi mon père ? Qu'est-ce ça peut te foutre ? Mon père il est comme toi : il dit rien. Il part au boulot, il revient du boulot, il regarde la télé, il pète, il dort… Mais il dit rien. Et puis de toute façon ça te regarde pas. *(Elle regarde sa montre.)* Putain, mais qu'est-ce qu'elle fout ? J'en ai marre ! *(Elle tape dans le bord du lit.)* Je me fais chier, tu m'emmerdes ! *(Elle se lève et fait quelques pas dans la pièce. Elle est dans tous ses états. Elle revient finalement vers le lit.)* Excusez-moi, j'ai pas fait exprès… Ça va ? Vous êtes bien ? Je suis désolée, je m'excuse, c'est pas de votre faute…

Un temps

Vous voulez bien que je revienne ?

Scène V, Alyssa, Clarisse.

Clarisse est assise, la tête posée sur le lit, elle dort.

Alyssa entre en coup de vent. Elle est très en retard. Elle est embêtée. Elle pose ses affaires, sa veste, son sac et parle à la cantonade

ALYSSA.

– Putain Clarisse tu m'engueules pas ! Y'avait un accident avec des mecs qui s'embrouillaient ! J'suis super en retard ! Sur la tête de ma mère, j'étais bloquée, c'est pas de ma faute ! Clarisse ? *(Elle voit Clarisse qui dort profondément.)* Clarisse ! Mais bordel ! Mais qu'esse tu fous ? Y'a la truc là, la soignante là qui va arriver ! Réveille-toi bordel !

CLARISSE, *sortant d'un profond sommeil, elle regarde tout autour d'elle avec l'expression de quelqu'un qui vient de passer une très bonne nuit.*

– Alyssa ?

ALYSSA.

– Mais ma parole tu roupillais !

CLARISSE.

– Ben je crois oui…

ALYSSA.

– Ah ben d'accord ! Bonjour la confiance !

CLARISSE.

– Quoi la confiance ? J'étais là ! J'ai pas bougé d'ici !

ALYSSA.

– Mais tu dormais !

CLARISSE.

– Ouais… Et même j'ai trop bien dormi !

ALYSSA.

– Mais tu te rends compte ! Si y'était arrivé quelque chose…

CLARISSE.

– Du genre quoi… ? Que le ciel nous tombe sur la tête ?

ALYSSA.

– Purée tu fais chier ! Moi je dors jamais quand je suis là !

CLARISSE.

– Ben tu devrais ! C'est très agréable… J'ai même fait des rêves…

ALYSSA.

– Des rêves ?

CLARISSE.

– J'entendais des trucs dans ma tête… c'était beau !

ALYSSA.

– Putain Clarisse… t'as fumé quoi ?

CLARISSE.

– Mais arrête, j'ai rien méfu ! J'suis pas ouf ! J'étais juste bien, là !

ALYSSA.

– Ouais… Ben tu vas être juste bien dehors passque la soigneuse elle va arriver, là.

CLARISSE.

– Celle qui change les couches et tout ?

ALYSSA.

– Ouais… *(On sonne)* Putain merde ! C'est elle ! Y faut que tu te caches !

CLARISSE.

– Mais t'es dingue ! Pas besoin de me cacher ! Je suis ta copine et je suis venue te chercher et c'est tout !

ALYSSA.

– Putain, je vais me faire traiter ! Ça va chier !

CLARISSE.

– Mais quoi ? C'est pas interdit que je viens te voir…

ALYSSA.

– Tu lui dis pas que t'es restée seule avec lui hein ?

CLARISSE.

– Mais non ! T'es con…

ALYSSA.

– Sur la tête de ta mère !

CLARISSE.

– Sur ta tête et la tête de ma mère !

Scène VI, Madame Berthier, Alyssa, Clarisse.

Entre Madame Berthier. Elle parle tout d'abord sans prêter attention à qui se trouve autour d'elle.

MADAME BERTHIER.

– Bonjour Alyssa

ALYSSA.

– Bonjour Madame…

MADAME BERTHIER.

– Alors comment… *(Elle aperçoit Clarisse.)* Qui êtes-vous ?

CLARISSE.

– Bonjour Madame, je m'appelle Clarisse, je suis une amie d'Alyssa

MADAME BERTHIER.

– Et qu'est-ce que vous faites là ?

ALYSSA.

– Elle est venue me chercher… On va au cinéma !

CLARISSE.

– Oui… c'est ça

MADAME BERTHIER, *qui sent que ce n'est pas vrai.*

– Et il y a longtemps que vous êtes là ?

CLARISSE.

– Non, non… Pas longtemps

ALYSSA.

– Elle vient d'arriver… !

CLARISSE.

– Oui, c'est ça… Je viens d'arriver…

MADAME BERTHIER.

– Et ça vous intéressait de voir ce que faisait Alyssa…

CLARISSE.

– Ben oui… Bien sûr.

MADAME BERTHIER.

– Et alors ? Qu'est-ce que vous en dites ?

CLARISSE.

– Et ben… C'est bien… !

MADAME BERTHIER.

– Qu'est-ce qui est bien ?

CLARISSE.

– Ben de faire ça…

MADAME BERTHIER.

– De faire quoi ?

CLARISSE.

– Ben, de lui parler, tout ça…

MADAME BERTHIER.

— Ah bon ? Et pourquoi c'est bien ? Vous croyez qu'il nous entend ?

CLARISSE.

— Heu…

ALYSSA.

— Qu'est-ce qu'il y a Clarisse ?

CLARISSE.

L'eau fraîche murmure alentour
Parmi les pommiers parfumés,
Et les feuilles, où le vent court,
Le sommeil pour nous a glissé. [1]

MADAME BERTHIER, *surprise.*

— C'est très joli ! C'est quoi ?

CLARISSE, *étonnée.*

— Je sais pas !

ALYSSA.

— Purée ! Tu sais des poésies ?

CLARISSE.

— Mais non ! Mais pas du tout !

MADAME BERTHIER.

---

[1] Sapho - *Nocturnes* - Traduction Mario Meunier

– Pourtant… « L'eau fraîche murmure alentour… »
C'est bien de la poésie !

CLARISSE.

– Je ne sais pas… Alyssa, on va être en retard !

MADAME BERTHIER.

– Oui, oui, allez-y ! Dépêchez-vous ! Qu'est-ce que vous
allez voir ?

ALYSSA.

– Heu… L'assassinat de Ben-Hur…

CLARISSE.

– En gare de La Ciotat !

MADAME BERTHIER.

– Bonne soirée !

ALYSSA & CLARISSE.

– Bonne soirée madame

Elles sortent.

Intermède.

Ce soir [2]
Si j'écrivais un poème
Pour la postérité ?

Fichtre
La belle idée

Je me sens sûr de moi
J'y vas
Et

À
La
Postérité
J'y dis merde et remerde
Et reremerde
Drôlement feintée
La postérité
Qui attendait son poème

Ah mais

---

[2] Raymond Queneau - *L'instant Fatal* - Pour un art Poétique

ACTE II.

Scène I, Clarisse, Kévin, Myriam.

La scène est à la terrasse de l'acte I. Clarisse, Myriam et Kevin, sont autour d'une table avec des consommations. Clarisse écrit sur son téléphone portable pendant que Kevin et Myriam se roulent des pelles.

CLARISSE, *s'énervant après ce qu'elle fait.*

– Putain fait chier !

KEVIN, *interrompant son très long baiser.*

– Quoi ? Qu'esse j'ai fait encore ?

CLARISSE, *très énervée.*

– Mais rien ! Laisse béton ! K'esse tu m'embrouilles ? J'te cause pas ! Tu m'prends la tête !

MYRIAM, *attendant la suite du baiser marathon.*

– Laisse béton Kevin, elle est barge !

CLARISSE.

– Ouais c'est ça ! Lâchez-moi, les bouffons ! Occupez-vous d'vot'salade de museau !

KEVIN & MYRIAM, *retournant à leur baiser.*

– Mm… *(Kevin lève le pouce en signe de contentement.)*

CLARISSE, *à part ou à son téléphone.*

– Putain… Bonjour l'élégance et la délicatesse ! *(Sans s'interrompre, Kevin lui fait signe qu'il n'en a rien à faire.)*

Entre Alyssa.

ALYSSA, *en embrassant Clarisse.*

– Salut la Muse !

CLARISSE, *en embrassant Alyssa.*

– Oah… Arrête !

ALYSSA.

– Mais quand même, c'est dingue ce truc !

CLARISSE.

– Maintenant ça me fait plus rien…

ALYSSA.

– T'en as appris d'autre ?

CLARISSE.

– Oui, la nuit dernière un truc beau que je comprends pas…

ALYSSA.

– Mais comment ça fait ?

CLARISSE.

– Je sais pas…

ALYSSA.

– Comment ça, tu sais pas ! ? Tu sais bien comment ça se passe, à quel moment ?

CLARISSE.

– Ben, c'est quand je rêve…

ALYSSA.

– Et il se passe quoi ?

CLARISSE.

– Et bien… Je rêve… Alors je suis dans le rêve, tu vois ? Et je suis quelqu'un d'autre, quelqu'un que je connais pas, que j'en ai même jamais entendu parler,

ALYSSA.

– Une femme ?

CLARISSE.

– Je sais pas… Des fois oui, d'autres fois je suis un homme, un vieux, un jeune, des fois, les deux à la fois… Hier c'était comme ça. J'étais deux hommes et c'était la voix du jeune.

ALYSSA.

– Ça disait comment ?

CLARISSE.

Pendant qu'elle déclame, Kévin et Myriam cessent de s'embrasser et s'approchent pour écouter.

Clarisse déclame très simplement. Elle n'a plus trace d'accent, plus de vulgarité dans la voix, et même une sorte d'emphase. Même sa voix est un peu changée, comme si c'était celle de quelqu'un d'autre.

Qu'il vienne, qu'il vienne,
Le temps dont on s'éprenne.

J'ai tant de fois fait patience
Qu'à jamais j'oublie.
Craintes et souffrances
Aux cieux sont parties.
Et la soif malsaine
Obscurcit mes veines.

Qu'il vienne, qu'il vienne,
Le temps dont on s'éprenne.

Telle la prairie
À l'oubli livrée,
Grandie et fleurie
D'encens et d'ivraies,
Au bourdon farouche
Des sales mouches.

Qu'il vienne, qu'il vienne,
Le temps dont on s'éprenne. [3]

ALYSSA.

– Putain c'est beau ! J'y comprends rien ! Qu'est-ce que ça veut dire ?

CLARISSE.

---

[3] Arthur Rimbaud - Une saison en enfer - Chanson de la plus Haute Tour

– Je sais pas ! J'y comprends rien non plus !

KEVIN.

– Ça parle des mouches !

MYRIAM.

– Arrête Kévin ! La Poésie, ça parle pas des mouches !

KEVIN.

– Et qu'esse-tu sais toi ? Si t'es poète et tu veux parler des mouches, tu parles des mouches et c'est walouh et tu nous prends pas la tête !

ALYSSA.

– Y avait un bourdon aussi !

KEVIN, *à Myriam, triomphant.*

– Ah !

MYRIAM.

– D'accord ! Des mouches, des bourdons, et puis quoi encore ? Des abeilles ? Des poux ? Des morpions ? C'est quoi pour un poème ? Le mode d'emploi d'un insecticide ?

CLARISSE.

– Moi je comprends pas mais je trouve c'est beau…

ALYSSA.

– C'est le vieux qui fait ça ?

CLARISSE.

– Sacha ?

ALYSSA.

– Qui ça ?

CLARISSE.

– Ben il s'appelle Sacha…

ALYSSA.

– Pas du tout ! Il s'appelle Monsieur Friedman !

CLARISSE.

– Il s'appelle Alexandre Friedmann et sa mère l'appelait Sacha !

KEVIN.

– Sacha ! C'est un Feuj !

MYRIAM.

– Et après ? Ça fait quoi c'est un Feuj ? Myriam tu crois c'est quoi comme nom hein ?

KEVIN.

– Myriam ? T'es feuj ?

MYRIAM.

– Si tu veux, je suis feuj, si tu veux je suis celle qui t'apprend à rouler des pelles autrement qu'un blaireau… C'est toi qui choisis…

KEVIN.

– Oah ! Un blaireau… ! Tu m'cherches là !

MYRIAM.

– J'ai dit un blaireau ? Oh pardon ! Je voulais dire un bouffon, un puceau qui nique le vent !

Elle rit en s'enfuyant.

KEVIN, *la poursuivant.*

– Si je te chope, tu vas voir si je nique le vent !

MYRIAM, *fuyant en coulisse.*

– T'as que la gueule !

Intermède.

Du crâne qui crugit lorsque le vent souffle
suinte mélancolicolicoliquement
le croupissant cresson qui sourd de ses orbites

Crions ! Crions ! Toujours bêle l'os armature
et gémit mélodieulodieusement
le croisé des crocs qui scient un peu l'espace

Telle crevasse en la confusion quotidienne
crécelle le sourire et creuse le bonheur
mais

qui tire la langue au crétin croquemitaine ?
cré non ! Crois-je bien que c'est moi [4]

---

[4] Raymond Queneau - Les Ziaux - Crevasse

Scène II, Alyssa, Clarisse.

ALYSSA.

– Clarisse…

CLARISSE.

– Quoi ?

ALYSSA.

– Ça te fait peur qu'il parle dans ta tête ?

CLARISSE.

– Non, pas du tout… C'est très agréable.

ALYSSA.

– Et toi, tu lui parles ?

CLARISSE.

– Oui, bien sûr… Mais je crois pas qu'il m'entend. Je lui dis des choses sur moi, je lui raconte le monde et tout, mais c'est comme s'il entendait pas tu vois ? Ce qu'il aime vraiment, c'est que je lui touche la main…

ALYSSA, *horrifiée*.

– Tu lui touches la main ?

CLARISSE.

– Ben oui, il aime bien…

ALYSSA.

– Mais il est presque mort ! Elle doit être toute froide sa main !

201

CLARISSE, *riant.*

– Mais non il est pas mort du tout ! Et sa main, elle est vivante ! Tu peux pas imaginer !

ALYSSA.

– Il bouge sa main ?

CLARISSE.

– Non, non, c'est pas ça… C'est comme si… Tu vois… Sa main…

ALYSSA.

– Oui quoi ?

CLARISSE.

– C'est comme si elle m'aime.

ALYSSA, *émue.*

– Putain Clarisse ! Si t'étais pas ma meilleure copine… ! Merde, ça me file envie de chialer ! Et c'est comment ?

CLARISSE.

– Je sais pas… Sa main elle est toute douce et fraîche, et elle est toute tordue tu vois ? C'est la main d'un vieux, la peau elle a des taches et puis elle est jaune aussi, mais c'est une belle main, la main de quelqu'un de doux et… c'est une main qui écoute !

ALYSSA.

– Et tu crois que moi aussi je pourrais lui toucher la main ?

CLARISSE.

– Quoi ? Tu l'as jamais fait ?

ALYSSA.

– Ben non ça me fout les boules ! Je l'aime bien ce vieux mais, c'est quand même presque un mort…

CLARISSE.

– C'est pas grave si t'as peur. Il t'aime bien quand même.

ALYSSA.

– Il te l'a dit ?

CLARISSE.

– Je le sens…

Intermède.

Toto a un nez de chèvre et un pied de porc
Il porte des chaussettes
En bois d'allumettes
Et se peigne les cheveux
Avec un coupe-papier qui a fait long feu
S'il s'habille les murs deviennent gris
S'il se lève le lit explose
S'il se lave l'eau s'ébroue
Il a toujours dans sa poche
Un vide-poches

Pauvre type [5]

---

[5] Raymond Queneau - L'instant Fatal - Marine - Pauvre Type

Scène III, Madame Berthier, Clarisse, Myriam.

La scène est dans la chambre

Madame Berthier est auprès du lit. Elle tient un journal comme pour le lire. On entend de la musique classique

MADAME BERTHIER.

– Et alors elle m'a dit : « Eh bien puisque c'est comme ça, vous n'avez qu'à le faire vous-même ! » Vous vous rendez compte ? Une femme à qui j'ai rendu des services pendant des années, à qui j'ai même prêté de l'argent, sans compter toutes les fois où je l'ai hébergée parce que son bonhomme lui flanquait des roustes ! Et là, d'un coup : « Vous avez qu'à le faire vous-même !!! » Ahlàlà ! J'en étais bouleversée ! Et pourtant il m'en faut ! J'ai le dos large comme on dit… Et bien là… *(On sonne.)* Ah, voilà Alyssa !

Entrent Clarisse et Myriam

CLARISSE.

– Bonjour Madame Berthier

MADAME BERTHIER.

– Bonjour Clarisse. Tu remplaces encore Alyssa ?

CLARISSE.

– Oui, elle a beaucoup de travail pour demain…

MADAME BERTHIER, *riant.*

– Il ne s'appellerait pas Kevin son travail des fois ? *(À Myriam.)* Et toi qui es-tu ?

CLARISSE.

– C'est Myriam, Madame. Elle est venue avec moi pour faire la conversation avec Monsieur Friedman

MADAME BERTHIER, *à Myriam*.

– C'est vrai ?

MYRIAM.

– Oui Madame. Bonjour Madame.

MADAME BERTHIER, *à Clarisse*.

– Je ne devrais pas laisser faire ça, tu sais ? Normalement c'est Alyssa qui fait ce travail. Elle ne peut pas se faire remplacer comme ça, quand ça lui chante… Mais en même temps, j'ai l'impression que vous faites bon ménage Monsieur Friedmann et toi. Il va mieux. Il est… serein.

CLARISSE.

– Oui c'est vrai qu'on s'entend bien !

MADAME BERTHIER, *à Myriam*.

– Quand elle me dit ça, j'ai vraiment l'impression qu'ils font des tas de trucs ensemble…

CLARISSE.

– Ça ne vous ennuie pas si Myriam reste ?

MADAME BERTHIER.

– Pas du tout. Je trouve même qu'il a bien de la chance Monsieur Friedmann d'avoir deux jolies filles pour lui tout seul.

MYRIAM.

– Merci Madame…

MADAME BERTHIER, *se moquant gentiment.*

– Et bien polies en plus ! Allez, soyez sages !

Elle sort.

Scène IV, Clarisse, Myriam.

CLARISSE, *s'adressant cérémonieusement à M. Friedmann.*

– Sacha, je vous présente Myriam. C'est une amie. Elle est juive, comme vous, et c'est pour ça. Elle voulait vous rencontrer et aussi elle aime vos poèmes. *(À Myriam.)* Myriam, je te présente Sacha. C'est lui pour les poésies dans ma tête. Vous allez bien vous aimer.

MYRIAM.

– Bonjour Monsieur Friedmann !

CLARISSE.

– Tu peux l'appeler Sacha…

MYRIAM.

– Bonjour Sacha. Enchantée de faire votre connaissance. *(À Clarisse.)* Et après, je fais comment ?

CLARISSE.

– Je sais pas moi ! Tu te démerdes ! Je connais pas de mode d'emploi moi !

MYRIAM.

– Je veux dire… Je lui parle ?

CLARISSE.

– Il aime bien… Mais ce qu'il préfère, c'est que tu lui touches la main.

MYRIAM, *prend la main et la caresse.*

– Comme ça ?

CLARISSE.

– Oui, doucement ! C'est pas une savonnette !

MYRIAM.

– Bon... *(Un temps.)* Tu pourrais pas nous laisser tranquilles ?

CLARISSE, *riant.*

– Ah ben d'accord ! Je gêne, c'est ça ?

MYRIAM, *embêtée.*

– Ben si t'es là, ça le fait trop pas...

CLARISSE.

– D'accord ! Je vais faire du thé, t'en veux ?

MYRIAM.

– Ouais, je veux bien.

Clarisse sort.

Scène V, Myriam, Clarisse.

MYRIAM, *seule avec M. Friedmann.*

– Monsieur Sacha… Les poésies dans la tête de Clarisse… Je sais pas comment vous faites. Je les comprends pas. Je veux pas mentir : je comprends pas un mot. C'est des trucs pas pour moi vous comprenez ? J'entends c'est beau et tout, mais c'est pas pour moi. Même Clarisse elle comprend rien. Elle dit les poèmes, mais elle pourrait aussi bien les dire en chinois… Enfin, je dis ça… On les trouve beaux quand même hein !
Je sais pas pourquoi vous faites ça… Vous allez mourir ? Je sais pas pourquoi ça nous fait pas peur… *(Un temps.)* Monsieur Sacha… Je m'appelle Myriam mais je sais pas si je suis juive… Et de toute façon, j'ai pas très envie… Je veux dire, j'ai pas très envie d'être juive. Y paraît que c'est nul. Moi, je sais pas. C'est pour ça que je voulais vous voir. Kevin il dit Sacha c'est feuj. Feuj, c'est comme ça qu'on dit juif… Mais moi je sais rien ce que c'est, je vais pas à la mosquée des juifs ni rien… *(Un temps.)* Monsieur Sacha… Clarisse elle dit que vous êtes dans ses rêves. Moi j'aimerais bien aussi… Mais là j'ai pas du tout sommeil alors là je sais pas on va faire comment… *(Un temps.)* Monsieur Sacha… Vous, je sais pas, mais moi je me fais chier là… Alors on essaiera une autre fois d'accord ? Passque là je m'emmerde et y faut que j'aille aux toilettes… *(Vers la coulisse.)* Clarisse !

CLARISSE, *depuis la coulisse.*

– Ouais quoi ?

MYRIAM.

– Ayé ! J'ai fini !

Entre Clarisse.

CLARISSE.

– Alors, ça s'est bien passé ?

MYRIAM.

– Tu parles ! Y'a rien dit ! Que dalle !

CLARISSE, *rigolant.*

– Peut-être qu'il fait la gueule ? Il doit trouver que t'es pas du tout intéressante comme fille… T'as essayé de lui rouler des pelles ?

MYRIAM.

– Ça va pas non ?

CLARISSE.

– Ben pourquoi ? Il paraît que tu sais vachement bien le faire. Kevin en tout cas il a l'air d'aimer ça !

MYRIAM.

– Oh pour ça ! Ça lui plaît ! Mais ça l'a pas rendu plus intelligent…

CLARISSE.

– Boh… Tant que ça l'a pas transformé en crapaud…

MYRIAM.

– Ben ça, j'en suis pas sûre justement…

Scène VI, Myriam, Kévin.

La scène est au café

MYRIAM

La route est une femme
Qui a mis la main du voyageur dans celle de l'amant,
A rempli la paume de l'amant
De nostalgie et de coquillages,

Une femme,
Un rêve qu'une femme a transformé

En barque étroite comme l'aile,
Revêtue de la rose des vents,
Oublieuse de son port. [6]

KEVIN, *après un silence.*

— C'est le vieux qui t'a appris ça ?

MYRIAM.

— Je ne sais pas... C'était dans un rêve.

KEVIN.

— Et tu voyais tout ça ? Les coquillages, la barque, tout ?

MYRIAM.

— Je voyais une femme...

---

[6] Adonis - Chronique des Branches - La Route - Traduction Anne Wade Minkowski

KEVIN.

– Elle était belle ?

MYRIAM.

– Tu la verrais, tu le croirais pas…

KEVIN.

– Qu'est-ce que tu vas faire ?

MYRIAM.

– Je vais y retourner. Il est trop cool ! Je me sens bien là-bas.

KEVIN.

– Il vous a ensorcelées… C'est un diable !

MYRIAM.

– Le diable existe pas Kevin. C'est pas le diable qui te fait peur.

KEVIN.

– J'ai pas peur !

MYRIAM.

– Tu trembles…

KEVIN.

– Il fait froid !

MYRIAM.

– Oui, bien sûr…

KEVIN.

– J'ai pas peur !

MYRIAM.

– Si tu veux…

KEVIN.

– Il vous a ensorcelées ! Je vais le dire !

MYRIAM.

– Dis-le à qui tu veux…

KEVIN.

– Je vais le faire !

MYRIAM.

– Fais-le…

Scène VII, Kévin, Madame Berthier.

KEVIN, *au téléphone.*

– Allô Madame Berthier ?

MADAME BERTHIER, *au téléphone.*

– Allô oui…

KEVIN.

– C'est Kevin…

MADAME BERTHIER.

– Bonjour Kevin…

KEVIN.

– Vous savez je suis qui ?

MADAME BERTHIER.

– Non, pas du tout…

KEVIN.

– Ben pourquoi vous avez dit Bonjour Kévin ? *(Un temps.)* Je suis l'ami de Myriam

MADAME BERTHIER.

– Ah bon ? Et comment va-t-elle ?

KEVIN.

– Hein ? Ben… j'sais pas moi…

MADAME BERTHIER.

– Ah… Et que voulez-vous ?

KEVIN.

– Et bien, c'est pour dire, passque, le Friedmann là, il se passe des choses.

MADAME BERTHIER.

– Vous parlez de Monsieur Friedmann ?

KEVIN.

– Ouais, çui-là !

MADAME BERTHIER.

– Et que lui voulez-vous ?

KEVIN.

– Ouais, et ben, il fait des trucs pas normaux... De la sorcellerie ! C'est un diable ! Il met des trucs dans la tête à Myriam et à Clarisse aussi !

MADAME BERTHIER.

– Ah bon ? Mais quel genre de « trucs » comme vous dites ?

KEVIN.

– Des poésies ! Voilà ce qu'il fait ! Il leur met des poésies !

MADAME BERTHIER.

– Fichtre ! Mais comment fait-il ça ?

KEVIN.

– C'est pendant les rêves, tu vois... heu... vous voyez, c'est pendant les rêves et après elles savent les poésies...

MADAME BERTHIER.

– Ça n'a pas l'air bien grave alors…

KEVIN.

– C'est pas normal !

MADAME BERTHIER.

– Écoutez, Monsieur heu…

KEVIN.

– Kévin…

MADAME BERTHIER.

– Écoutez, Monsieur Kévin, vous savez peut-être que Monsieur Friedmann est en fin de vie ?

KEVIN.

– Oui…

MADAME BERTHIER.

– C'est-à-dire qu'il est dans le coma, il est en train de mourir…

KEVIN.

– Oui ben c'est pas une raison…

MADAME BERTHIER.

– Autant dire qu'il ne constitue pas vraiment un danger pour qui que ce soit…

KEVIN.

– Oui, mais…

MADAME BERTHIER.

— Écoutez, Monsieur Kevin. Vos amies ont la grande gentillesse de venir lui tenir compagnie de temps en temps, ce qui lui fait le plus grand bien. Je me permets de vous suggérer de venir le rencontrer pour vous rendre compte par vous-même…

KEVIN.

— Ben, c'est-à-dire…

MADAME BERTHIER, *soudain très sèche.*

— Demain à 14 heures précises !

KEVIN.

— Demain ?

MADAME BERTHIER.

— Et je ne tolérerai aucun retard ! C'est bien compris ?

Elle raccroche.

KEVIN.

— Heu, Ouais, Ouais… *(Il raccroche.)* Wouah, qu'esse-elle m'embrouille la tête l'autr' !

Scène VIII, Alyssa, Myriam.

ALYSSA.

Je dis que l'avenir se souviendra de nous

MYRIAM

Je désire et je brûle

ALYSSA

À nouveau l'Amour, le briseur de membres,
Me tourmente, doux et amer.
Il est insaisissable, il rampe.

MYRIAM

À nouveau l'amour a mon cœur battu,
Pareil au vent qui, des hauteurs
Sur les chênes s'est abattu

ALYSSA

Tu es venue, tu as bien fait :
J'avais envie de toi.
Dans mon cœur tu as allumé
Un feu qui flamboie

MYRIAM

Je ne sais ce que je dois faire
Et je sens deux âmes en moi.

ALYSSA

Je ne sais quel désir me garde possédée
De mourir et de voir les rives
Des lotus, dessous la rosée

MYRIAM

Et moi, tu m'as oubliée␣[]

ALYSSA, *après un silence.*

– Myriam…

MYRIAM.

– Oui, Alyssa…

ALYSSA.

– Tu étais dans mon rêve hier…

MYRIAM.

– Et toi dans le mien.

ALYSSA.

– Myriam…

MYRIAM.

– Oui Alyssa…

ALYSSA.

– Je n'ai pas peur…

MYRIAM.

– Je sais. Moi aussi…

Scène IX, Madame Berthier, Kévin.

La chambre. Quand la lumière s'allume, Kevin et Madame Berthier sont déjà près du lit.

MADAME BERTHIER.

– Voilà Kevin, C'est Monsieur Friedmann... Tu vois qu'il ne peut pas faire beaucoup de mal...

KEVIN.

– Elles l'appellent Sacha !

MADAME BERTHIER.

– Oui, je sais...

KEVIN.

– Vous trouvez ça normal ?

MADAME BERTHIER.

– Franchement Kevin, je ne vois pas où est le problème !

KEVIN.

– Elles appellent un vieux presque mort par son prénom !

MADAME BERTHIER.

– Et alors ? Qu'est-ce qui te gêne ?

KEVIN.

– Je trouve c'est pas normal...

MADAME BERTHIER.

– Ah… Ça te fait peur ?

KEVIN.

– Pff ! Alors là ! Certainement pas !

MADAME BERTHIER.

– Ah bon. Tant mieux parce que j'ai un service à te demander…

KEVIN.

– Vous allez pas me laisser tout seul avec lui !

MADAME BERTHIER.

– Eh bien c'est-à-dire que…

KEVIN.

– Oh non !

MADAME BERTHIER.

– Bon, bon, je comprendrais très bien que ça te fasse peur…

KEVIN.

– Non c'est pas ça… !

MADAME BERTHIER, *s'affairant soudain.*

– Alors tant mieux ! J'en ai pour cinq minutes !

Elle sort en coup de vent.

Scène X, Kévin.

La lumière diminue beaucoup. Le lit reste dans une sorte de halo. C'est la lumière blanche sur le lit qui éclaire le visage de Kevin

KÉVIN.

– Madame Berthier ! Au secours ! Je veux pas !

(D'une voix de plus en plus faible et à mesure qu'il se recroqueville dans un coin de la chambre.)

Au secours… ! Il va me faire du mal… Je veux pas…

(Après un grand silence. D'une voix d'outre-tombe.)

Tu m'auras pas… Je m'en fous, t'as eu les autres, les filles, tout le monde, mais moi tu m'auras pas. Je te laisserai pas faire. T'es pas assez fort pour ça… Tu sais pourquoi ? Parce que moi je rêve pas ! Ma tête est pleine de choses épouvantables. Pas de rêves. Pas de poèmes à la con non plus…
Tu me détestes. Mais je te déteste encore plus. Mes monstres sont plus forts que les tiens. Moi je suis vivant, toi t'es presque crevé. Je marche dans le soleil, tu vas pourrir dans ta tombe.

(Avec une autre voix)

Mesdames et Messieurs
Vous dont la mère est morte
C'est le bon fossoyeux
Qui gratte à votre porte

Les morts
C'est sous terre

223

Ça n'en sort
Guère

(Avec sa précédente voix)

J'embrasserai les filles et les vers te mangeront, toi et ta poésie de merde… J'aurais la langue de Myriam dans la bouche. Toi le feuj, t'auras de la terre entre les dents, moi, j'aurai sa langue… Myriam, quand elle t'embrasse, tu sais plus comment tu t'appelles. Sa langue c'est la folie ! Elle tourne, elle tourne, elle te fouille partout, elle caresse ta langue, tes dents, l'intérieur de tes lèvres, sa langue elle est dure et pointue et puis d'un coup elle est toute molle et tiède… Quand elle s'arrête, t'as son goût sur les lèvres, tout autour de la bouche comme quand t'as mangé de la barbe à papa, t'es tout poisseux et tu veux pas te nettoyer, t'as que envie qu'elle recommence, c'est un truc de dingue !

(Même jeu)

Vous fumez dans vos bocks
Vous soldez quelque idylle
Au loin chante le coq
Pauvres morts hors des villes !

Grand-Papa se penchait,
Là, le doigt sur la tempe,
Sœur faisait du crochet,
Mère montait la lampe

Les morts
C'est discret

Ça dort
Trop au frais

Je suce la langue de Myriam, j'oublie tout le reste. La vie est belle et chez moi j'entends pas les voisins qui gueulent et ma mère et tout le monde que son père s'est barré que l'escalier sent la pisse et l'ascenseur la merde et les flics la peur et ils disent bounioule petite merde ta mère c'est une pute je te fais ta fête. Tu comprends ? C'est comme ça… Il y a la vraie vie la merde le fric que t'auras jamais et même si t'as le fric t'as pas la classe et si t'as la classe, tu seras toujours une merde, juste une merde avec de la classe et du fric, comme eux mais ça les gêne pas. Ils sentent pas l'odeur, les mouches, les vers… Toi tu les sentiras toujours, tu les sens déjà, même sur eux, la mort, la charogne, derrière le dentifrice, le déodorant, le savon, le parfum, l'après-rasage, leur odeur, à tous, la viande morte…

(Même jeu)

Vous avez bien dîné ?
Comment va cette affaire ?
Ah ! Les petits mort-nés
Ne se dorlotent guère !

Notez d'un trait égal
Au livre de la caisse,
Entre deux frais de bal :
Entretien tombe et messe.

C'est gai
Cette vie ;

Hein, ma mie,
Ô gué ?

Et à côté de la vie, il y a la bouche de Myriam et son odeur et l'odeur de ses cheveux et tout son corps, et c'est comme le soleil sur le désert, la lumière sur le sable dans le bled où j'irai jamais avec les chameaux, la famille, la misère, ma honte et mon honneur. C'est comme la mer, quand il fait trop chaud que tu marches dedans pieds nus, que tu veux pas que ça s'arrête.

Et à côté il y a toi. Mort, froid, raide et puant, la bouche pleine de terre les yeux pleins de terre, et moi je danse sur cette terre, je danse avec Myriam et elle fait comme si elle m'aime avec sa langue et son odeur et son corps, peut-être même avec ses yeux. Peut-être même elle me regarde pour une fois, elle me laisse lécher ses lèvres et son corps en gardant les yeux ouverts. Peut-être, un jour, elle gardera les yeux ouverts.

(Même jeu.)

Mesdames et Messieurs,
Vous dont la Sœur est morte
Ouvrez au fossoyeux
Qui claque à votre porte ;

Si vous n'avez pitié
Il viendra (sans rancune)
Vous tirer par les pieds
Une nuit de grand'lune !

Importun
Vent qui rage !

Les défunts ?
Ça voyage…[7]

Mais ça m'est égal qu'elle ferme les yeux si elle danse avec moi. Je suis beau dans ses yeux fermés, et riche, et j'ai la classe et je suis drôle et tout le monde veut être mon ami.
Toi tu pourris dans le sol et plus personne ne sait même que tu as existé.

---

[7] Jules Laforgue - *Complainte de l'oubli des morts*.

Intermède.

Il faut de tout pour faire un monde
Il faut des vieillards tremblotants
Il faut des milliards de secondes
Il faut chaque chose en son temps
En mars il y a le printemps
Il est un mois où l'on moissonne
Il est un jour au bout de l'an
L'hiver arrive après l'automne

La pierre qui roule est sans mousse
Béliers tondus gèlent au vent
Entre les pavés l'herbe pousse
Que voilà de désagréments
Chaque arbre vêt son linceul blanc
Le soleil se traîne tout jone
C'est la neige après le beau temps
L'hiver arrive après l'automne

Quand on est vieux on n'est plus jeune
On finit par perdre ses dents
Après avoir mangé on jeûne
Personne n'est jamais content
On regrette ses jouets d'enfant
On râle après le téléphone
On pleure comme un caïman
L'hiver arrive après l'automne

Envoi

Prince ! Tout ça c'est le chiendent
C'est encore pis si tu raisonnes
La mort t'a toujours au tournant
L'hiver arrive après l'automne [8]

---

[8] Raymond Queneau - *Ballade en proverbes du vieux temps.*

ACTE III

Scène I, Madame Berthier.

Madame Berthier est seule dans la chambre de M. Friedmann.

MADAME BERTHIER.

– Vieux fou ! Tu n'es qu'un vieux fou ! À quoi ça sert de leur tourner la tête ? Tu peux me le dire ? De quoi tu as l'air ? Tu es content ? Tu ne vis plus, tu n'as plus de corps, ce qui reste, ça ne vaut même pas la peine d'en parler… Qu'est-ce que tu espères ? Rattraper quoi ? Et ces histoires… Même pas des histoires ! Des poèmes ! Qu'est-ce qu'ils vont en faire les pauvres mômes ? Des saletés de poèmes ! Quel besoin ? Quand on leur demandera ce qu'ils savent faire, ils diront des vers écrits par des morts ? C'est des enfants, tu comprends ? Il faut les laisser tranquilles. Ils ont besoin de choses d'enfant. Rire, jouer, danser en boîte, faire du sport, regarder la télé, faire des bêtises… C'est de leur âge. Tes poèmes, ils puent la mort. Il n'y a rien là-dedans pour eux. Tu entends ? Rien… ! La solitude, l'amitié… L'amour ! Qu'est-ce qu'il y a à dire sur l'amour ? Pff ! C'est minuscule ! L'amour, l'amitié, tu ne peux même pas savoir… De toute façon, pour ce que ça dure ! Le temps de faire « Ouf » et j'étais dans son lit, ses pantoufles, sa télé, son lave-vaisselle, sa bagnole, ses vacances, sa chambre d'hôpital, son testament, le regard des autres… C'est ça l'amour… Je m'y suis emmerdée tout le temps ! Des poèmes… Tu parles ! Et la solitude ! À quoi bon en parler ! Tu la vis tous les jours ! Si j'écris des poèmes sur ma solitude de tous les jours, ça fera chier tout le monde… Ou alors je triche. Je parle de ma tasse de café toute seule au milieu de la cuisine, de mon lit vide, de mon nez au milieu de ma figure, des rides qui mangent mon visage… Et les gens liraient ça et diraient « Eh oui, c'est vrai que c'est comme ça ! Moi c'est pareil et en plus je pue de la gueule et je pète au lit ! » Tu parles !

(Un temps.)

Tu ne mets jamais rien dans ma tête. C'est parce que je suis vieille… Ou alors tu mets des poèmes dans ma tête et je ne les entends pas… Ou alors je suis sourde en dedans. Ou alors je suis morte…

Scène II, Kévin.

Kevin est seul dans la lumière.

KEVIN.

− C'est un mec, il est tout seul et il est perdu. Il essaye des trucs mais y a rien qui va, ça foire tout le temps, le travail, les meufs, la baston, tout merde tout le temps. Il est triste. Il s'appelle Gaspard.

Je suis venu, calme orphelin,
Riche de mes seuls yeux tranquilles,
Vers les hommes des grandes villes,
Ils ne m'ont pas trouvé malin.

C'est quoi un orphelin. C'est quand tes parents y t'ont laissé crever ou y sont morts ou ton père y s'est tiré tu sais pas c'est qui ou quelqu'un voulait bien te prendre ou la DASS ou je sais pas. C'est ça un orphelin.

À vingt ans un trouble nouveau,
Sous le nom d'amoureuse flamme,
M'a fait trouver belles les femmes,
Elles ne m'ont pas trouvé beau.

Alors « l'amoureuse flamme » c'est pasque ça brûle. Pasque l'amour ça brûle. Des fois ça fait frais comme de l'eau tu vois, et des fois c'est du feu, des fois t'as envie t'en peux plus, t'as besoin, dans ta peau et tout… Mais bon lui, ça le fait trop pas. Les filles elles le trouvent moche.

Bien que sans patrie et sans roi,
Et courageux ne l'étant guère,

J'ai voulu mourir à la guerre.
La mort n'a pas voulu de moi.

Le pays c'est pas son pays, et celui-là qu'il y vit pas c'est plus son pays non plus. Alors il fait semblant qu'il en a un et il se bat. Il dit comme ça, c'est celui-là mon pays. Mais ça le fait pas non plus. Il est pas blessé ni rien, il est pas mort non plus, et la guerre elle est finie et il est comme avant, comme un con. Il est total paumé, il sait pas quoi dire, il sait pas mourir.
Et il sait même pas prier, il sait plus les mots, les gestes, il a jamais su. Il voudrait ça : que quelqu'un prie pour lui.

Suis-je né trop tôt ou trop tard ?
Qu'est-ce que je fais en ce monde ?
Ô vous tous, ma peine est profonde.
Priez pour le pauvre Gaspard. [9]

---

[9] Paul Verlaine - *Sagesse* - Gaspard Hauser chante

Intermède.

MADAME BERTHIER.

Quand vitupérés les dix mille êtres sur terre
Quand maudits les cent mille misères
Quand détestés tous les maux
Il faut aller au cimetière
Pisser dans un pot

Les châtelains du voisinage ont tous de la moustache
Et les paysans des écus comme eux dans leurs lessiveuses
Les maires très vieillards ont tous de la belle vache
Et les enfants très verts jouent avec les pisseuses

Il y a de la richesse et du travail
Bref de l'humanité la surface de cette terre
Il suffit de la trouver
Misères
Maux
N'en parlons pas
Quant aux cimetières
Ils sont bien là
En faut
Mais point trop n'en faut
Bien sûr [10]

---

[10] Raymond Queneau - *L'instant Fatal* - Retour à la terre.

ACTE IV.

Scène I, Voix off, Tous.

Un enterrement. On entend les textes en voix off.

Alyssa, Madame Berthier, Myriam, Clarisse, Kevin arrivent au bord de la fosse une rose à la main, l'un après l'autre, ils la jettent. Ils sont de part et d'autre, penchés vers la fosse. Ils restent un moment immobile, puis ils sortent les uns après les autres et reviennent avec chacun une rose qu'ils jettent à tour de rôle, puis ressortent puis recommencent. Le tas de roses s'élève pendant qu'on entend les poèmes.

VOIX OFF.

Poète noir, un sein de pucelle
te hante,
poète aigri, la vie bout
et la ville brûle,
et le ciel se résorbe en pluie,
ta plume gratte au cœur de la vie.

Forêt, forêt, des yeux fourmillent
sur les pignons multipliés ;
cheveux d'orage, les poètes
enfourchent des chevaux, des chiens.

Les yeux ragent, les langues tournent
le ciel afflue dans les narines
comme un lait nourricier et bleu ;

je suis suspendu à vos bouches
femmes, cœurs de vinaigre durs. [*11*]

Madame Berthier s'assoit pendant que les ados continuent.

Elle les regarde avec curiosité. Elle n'entend pas les poèmes.

VOIX OFF.
Non c'è molto più da fidarsi di me ; se qualcuno
mi vedesse quando son solo avrebbe da preoccuparsi ;
grugnire o pigolare, o guaire, e fare un ludo
da circo, tra i mobili scomparsi e riapparsi ;

posso fare anche una cantatina, che finisce in un unico
verso ; e poi come un cane che, per leccarsi
le ferite, si accuccia, essendo mio costume
ormai inveterato, mi masturbo, dentro gli arsi

meandri del letto coperto di sudore ;
eh, mio Signore, sono uno straccio d'uomo ;
così m'ha leggermente ridotto il vostro amore.

Rimproverarvi ? Accusarvi ? No, no, sarebbe comodo.
Non vuole avere scusanti il mio disonore.
Ricominciare la vita… Ma come, dite, come ? [*12*]

ALYSSA.
Il ne faut plus guère se fier à moi ; si quelqu'un
Me voyait quand je suis seul, il aurait de quoi s'inquiéter ;

[**11**] Antonin Artaud - *L'ombilic des Limbes* - Poète Noir

[**12**] Pier-Paolo Pasolini - *L'hobby del Sonetto.*

À gémir, à grogner, à geindre, à faire tout un
Cirque, entre les meubles qui disparaissent et réapparaissent ;

CLARISSE.

Je peux même faire une petite cantate, qui se terminerait
Par un seul vers ; et puis, comme un chien qui, pour se lécher
Les plaies, se recroqueville, comme c'est une de mes habitudes
Désormais ancrées, je me masturbe, dans les brûlants

KEVIN.

Méandres du lit imprégné de sueur ;
Hé oui, mon Seigneur, je suis une loque ;
C'est à cet état que votre amour m'a légèrement réduit.

MYRIAM.

Vous le reprocher ? Vous en accuser ? Non, non, ce serait trop
simple
Mon déshonneur ne veut pas de circonstances atténuantes.
Recommencer à vivre... Mais comment, dites-moi un peu,
comment ?[13]

---

[13] PIer-Paolo Pasolini - *Sonnets* - Traduction René de Ceccatty

Intermède.

MADAME BERTHIER.

Adieu ma terre ronde
Adieu mes arbres verts
Je m'en vais dans ma tombe
Dire bonjour aux vers
- tout poète à la ronde
Peut saboter un vers
Moi j'éteins la calbombe
Et m'en vais boire un verre [14]

FIN.

---

[14] Raymond Queneau - *L'instant Fatal* - Pour un Art Poétique

LE TRAIN

Comédie

Pierre Launay

TABLE

PERSONNAGES

Dimitri, conducteur du train,

Vlad, serveur du wagon-restaurant,

Youssouf, contrôleur,

Dunya Vassiliova, femme élégante,

Gregor Illitch Pétrovitch, voyageur de commerce,

Fiodor Schweik, voyageur sale,

Le Père Cyrille, faux curé.

Esther Plumier, jeune mariée,

Adolf Plumier, jeune marié,

Omar, chef des mutins

Porteurs et employés dans les gares.

INDICATION SCÉNIQUE

La scène possède deux systèmes de décors. L'un est une toile de fond inamovible qui représente un paysage de montagnes escarpées (sommets enneigés, montagnes noires et abruptes, l'idée qu'on peut se faire des Carpates). L'autre est un élément amovible qui figure l'intérieur d'un wagon luxueux. Le train doit être facile à monter et démonter, à escamoter, l'idée étant d'alterner assez vivement les scènes sauvages qui se déroulent dans la montagne et les scènes « bourgeoises » qui se déroulent dans le train.

Le décor de montagne peut être monté sur une toile tendue entre deux rouleaux devant le rideau de fond. Lorsqu'on est dans le train, on fait défiler le paysage derrière la fenêtre du train en actionnant les rouleaux. Les machinistes des rouleaux peuvent être à vue.

Scène I - Le Super-Général, le Général Zweig, le Général Viel.

> *La scène est dans un bureau d'état-major. Le Super-Général, furieux, marche de long en large en fouettant l'air d'une cravache, le Gal Heinz et le Gal Zwei, le suivent des yeux avec un air servile et effrayé.*

LE SUPER-GÉNÉRAL.

– Que fiche cet imbécile ? *(Il continue à marcher de long en large. Après un moment, il s'arrête et hurle vers Heinz et Zweig)* Je vous ai posé une question !

GÉNÉRAL ZWEIG, *terrorisé il fait un pas en avant et se met au garde-à-vous.*

– Je…

LE SUPER-GÉNÉRAL.

– Taisez-vous, imbécile ! Je suis entouré d'imbéciles ! (Il hurle en pleine figure du Gal Zweig.) N'est-ce pas général Zweig que je suis entouré d'imbéciles ?

GÉNÉRAL ZWEIG, *même jeu que Heinz.*

– Je…

LE SUPER-GÉNÉRAL.

– Une bande d'imbéciles qui n'a même pas été capable d'exécuter mes ordres ! J'avais pourtant demandé que cet Omar soit immédiatement exécuté ! (Il hurle en pleine figure du Gal Heinz.) N'est-ce pas ?

GÉNÉRAL ZWEIG, *il n'a pas le temps de parler.*

—...

LE SUPER-GÉNÉRAL.

— Et alors ? Est-ce que j'ai été obéi ?

GÉNÉRAL ZWEIG, *il n'a pas le temps de parler.*

—...

LE SUPER-GÉNÉRAL.

— Je ne vous le fais pas dire ! *(Entre le général Viel. Il se met immédiatement au garde-à-vous.)* Ah ! Général Viel ! Est-ce que vous m'annoncez qu'on a repris cet Omar ?

GÉNÉRAL ZWEIG, *terrorisé, il bafouille horriblement.*

— P... presque ! Super-Général ! À vos ordres Super-Général !

LE SUPER-GÉNÉRAL.

— Comment ça « presque » ? Où est-il ?

GÉNÉRAL VIEL.

— On... on l'a vu à Klutz, Super-Général !

LE SUPER-GÉNÉRAL.

— Et vous l'avez laissé partir ?

GÉNÉRAL VIEL.

— Oui, heu, non, Super-Général ! Il a disparu dans le quartier de la gare, Super-Général ! Nous le recherchons activement mais...

LE SUPER-GÉNÉRAL.

– Mais quoi ?

GÉNÉRAL VIEL.

– Il est peut-être monté dans le train, Super-Général !

LE SUPER-GÉNÉRAL.

– Quoi ? Et vous n'avez pas arrêté le train ?

GÉNÉRAL VIEL.

– Il était, il était déjà parti quand…

LE SUPER-GÉNÉRAL.

– Imbécile ! Où va ce train ?

GÉNÉRAL VIEL,

– En France, Super-Général !

LE SUPER-GÉNÉRAL.

– Il faut l'arrêter !

GÉNÉRAL VIEL.

– Il a un arrêt dans la dernière gare avant la frontière, à Klotzburg, Super-Général… Nous… nous avons un agent des services spéciaux là-bas. Je… je l'ai fait prévenir par télégraphe… Il… il va monter dans le train…

LE SUPER-GÉNÉRAL.

– Qui est cet agent ? Comment s'appelle-t-il ?

GÉNÉRAL VIEL.

– Je… justement je ne sais pas Super-Général ! Je sais qu'il y a quelqu'un mais je ne sais pas qui… je ne sais même pas si c'est un homme ou une femme…

LE SUPER-GÉNÉRAL.

– Général Viel !

GÉNÉRAL VIEL.

– À vos ordres Super-Général !

LE SUPER-GÉNÉRAL.

– Vous êtes un imbécile ! Vous avez six heures pour me ramener la tête de cet Omar ! Sinon je vous fais fusiller ! Tous les deux !

Scène II - Youssouf, Vlad

Le wagon-restaurant. Les tables sont dressées pour le repas. Vlad, le maître d'hôtel met la dernière main aux préparatifs. Il porte une veste blanche et peut-être une petite moustache à la française, un nœud papillon et un pantalon défraîchi mais bien repassé. Seules ses chaussures sont mauvaises. Elles sont en cuir, mille fois cirées mais complètement avachies.

On entend des bruits de gare, des cris lointains de marchands de journaux dans une langue qu'on ne comprend pas mais qui sonne comme du russe.

Entre Youssouf le contrôleur.

YOUSSOUF, *épuisé, il s'éponge le front avec un mouchoir à carreaux.*

– Vlad, ma sœur, si tu ne me sers pas un verre d'eau tu auras ma mort sur la conscience.

VLAD, *tout en servant un verre avec une élégance compassée.*

– Un verre d'eau pour monsieur le contrôleur, voilà… Est-ce tout ce qu'il faudra à Monsieur Youssouf, Sa Majesté contrôleuse du célèbre Trans-balkans express ! Sa Majesté Youssouf ne préférerait-elle pas un verre de Château Haut Brion ou peut-être de cet excellent Veuve Cliquot qui fait la fierté de notre train de luxe ?

YOUSSOUF, *riant à demi.*

– Garde ta mauvaise piquette et ton mousseux pour ces cochons de voyageurs, je ne veux pas mourir empoisonné. « Château Haut-Brion » ! As-tu seulement l'idée du goût de ce vin ? Je veux dire, le vrai !

VLAD.

– Pas la moindre… Et pourtant moi, je suis catholique alors, j'en bois, du vin ! Pas comme toi, pauvre musulman buveur d'eau…

YOUSSOUF.

– C'est vrai ! Je ne bois jamais d'alcool… Avant la prière.

VLAD.

– Mais après… ça ne te gêne pas !

YOUSSOUF.

– Dame ! La ferveur, ça donne soif !

VLAD.

– Youssouf mon frère, tu rôtiras en enfer !

YOUSSOUF.

– Ça ne pourra pas être pire qu'ici… Quelle chaleur !

VLAD.

– La direction de la ligne, dans sa grande sagesse a préconisé de bien chauffer le train… Nous ne sommes pas encore sortis des Alpes Dinariques…

YOUSSOUF.

– Mais là, ce n'est pas « bien chauffé », c'est un four !

VLAD.

– La direction dans sa grande sagesse veut peut-être faire croire qu'elle a les moyens de jeter du chauffage par les fenêtres.

YOUSSOUF.

– Tu parles ! La compagnie va mettre la clé sous la porte, c'est un secret de Polichinelle ! Ce train n'est plus fréquenté que par des vieux fous et des contrebandiers… La ligne va fermer, c'est une question de semaines, tout au plus… C'est la fin pour nous.

VLAD.

– Peut-être plus tôt que tu ne crois ! Omar s'est échappé à ce qu'on dit, et il serait par ici, dans les montagnes.

YOUSSOUF.

– Oui, oui, c'est cela ! Ça ne fera que la quatrième fois qu'on annonce son évasion ! Moi, je me demande s'il existe cet Omar… Et d'abord comment l'as-tu appris ?

VLAD.

– Dans les gares… les gens parlent…, moi, je ne sais pas, mais cette fois-ci ça semble vrai.

YOUSSOUF.

– Mais, à chaque fois, ça semble vrai ma pauvre ! Ça prouve seulement que ceux qui inventent ces histoires ont du talent…

VLAD.

– On verra bien quand on sera nez à nez avec lui ! Moi, de toute façon, je n'ai aucun espoir.

YOUSSOUF.

– Ma vie ne changera jamais, il ne se passera rien…

VLAD.

– Youssouf mon frère, tu ne dois pas insulter l'avenir et quand tu parles au futur il faut dire « Inch'Allah ».

YOUSSOUF, *levant son verre.*

– Inch'Allah ! Vlad ma sœur.

VLAD, *montrant le verre.*

– Heureusement que c'est de l'eau ! Tes façons sont de plus en plus désinvoltes, je trouve. Tu deviens carrément décadent. Je ne sais pas si c'est raisonnable de continuer à te fréquenter.

YOUSSOUF, *en se levant après avoir posé son verre.*

– Moi aussi je t'aime, Vlad, c'est pour ça que je parle avec toi. *(Il regarde du côté cour.)* Allez, maintenant, il faut que j'y aille : voilà les cochons de passager !

VLAD, *regardant côté jardin.*

– Il en arrive d'autres par ici ! Finie la tranquillité !

Scène III - Les mêmes, le Père Cyrille, Dunya, Pétrovitch, deux porteurs.

Entre le Père Cyrille qui porte lui-même sa valise, toute moche et rapiécée, qui tient avec une sangle en cuir. Lui-même porte une soutane douteuse. Il est assez gros, il transpire abondamment et n'a pas du tout des façons de prêtre. Il fait un peu peur.

LE PÈRE CYRILLE.

– La paix soit avec toi, mon fils.

YOUSSOUF.

– Aalaykoum salâm

LE PÈRE CYRILLE.

– Euh, oui, si tu veux. *(Il présente son billet qu'il a à la main.)* Je cherche la cabine N° 18.

YOUSSOUF, *il regarde le billet.*

– C'est par là Monsieur le curé. Suivez-moi

Ils sortent côté cour. Entrent côté jardin, Dunya précédée par un porteur qui apporte sa malle.

DUNYA VASSILIOVA.

– Mais c'est insensé ! Où est le contrôleur ! *(Elle aperçoit Vlad)* Ah ! Vous ! Où est ma cabine ?

VLAD.

– Bonjour, chère Madame. Veuillez excuser mon outrecuidance, je ne suis que le maître d'hôtel…

DUNYA VASSILIOVA.

– Et où est le contrôleur je vous prie ?

VLAD.

– Parti s'occuper d'un autre voyageur, mais il va certainement revenir.

DUNYA VASSILIOVA, *l'air exaspéré.*

– Et là, il faut que j'attende ! *(Elle cherche manifestement quelqu'un à qui s'en prendre, mais Vlad reste tout à fait indifférent. De guerre lasse elle prend à partie le porteur.)* Vous vous rendez compte ? Il faut que j'attende ! C'est tout de même un monde ! *(Le porteur s'en fiche. Il ne semble pas comprendre. Dunya se détourne de lui, déçue, puis elle revient à la charge.)* Mais qu'est-ce que vous fichez encore là vous ?

LE PORTEUR, *en tendant la main.*

– J'attends…

DUNYA VASSILIOVA.

– Et alors… Moi aussi j'attends ! Et je n'en fais pas une maladie ! *(Au maître d'hôtel.)* Mais qu'est-ce qu'il fiche ce contrôleur ? J'attends depuis un siècle maintenant ! *(On entend du remue-ménage côté cour.)* Ah ! Tout de même !

Entre Pétrovitch précédé d'un porteur avec une énorme malle. Dès qu'elle l'aperçoit, Dunya adopte une attitude pleine de charme.

GREGOR ILLITCH PÉTROVITCH, *au porteur.*

– Doucement voyons ! Tu vas tout casser abruti ! Ça n'est pas une brouette de fumier, Imbécile ! Pose ça ici… Mais fais attention ! Jean-Foutre !

LE PORTEUR 2.

– Voilà Monsieur…

DUNYA VASSILIOVA.

– Ils sont insupportables n'est-ce pas ?

Gregor Illitch Pétrovitch ôte son chapeau Dès qu'il aperçoit Dunya il adopte lui aussi un ton mielleux.

GREGOR ILLITCH PÉTROVITCH.

– Tout à fait chère Madame, insupportable c'est le mot, mais, *(Il ôte son chapeau.)* Permettez-moi de me présenter : Gregor Illitch Pétrovitch, pour vous servir.

DUNYA VASSILIOVA, *abandonnant sa main pour un baisemain.*

– Dunya Vassiliova, enchantée. *(Elle semble très heureuse que Pétrovitch lui baise la main qu'elle laisse un peu trop longtemps dans la sienne.)* Nous voyagerons donc ensemble… Vous allez à Vilnia ?

GREGOR ILLITCH PÉTROVITCH.

– Oui, je voyage pour mes affaires… Êtes-vous déjà installée ?

DUNYA VASSILIOVA.

– Pas du tout, ces brutes ne sont pas fichues de s'occuper de moi.

GREGOR ILLITCH PÉTROVITCH.

– Comment ? Mais c'est un scandale ! *(À Vlad.)* Maître d'hôtel !

VLAD.

– Bonjour Monsieur, que puis-je faire pour monsieur ?

GREGOR ILLITCH PÉTROVITCH.

– Occupez-vous immédiatement de cette dame !

VLAD.

– C'est fait, Monsieur, je lui ai dit que le contrôleur ne devrait pas tarder maintenant…

DUNYA VASSILIOVA.

– Vous voyez ? Elle s'en fiche !

GREGOR ILLITCH PÉTROVITCH.

– Maître d'hôtel ! Vous voyez bien que cette personne est une dame de qualité !

VLAD.

– Je n'en doute pas, Monsieur, mais je ne peux rien faire de plus, n'est-ce pas : je suis maître d'hôtel et mes fonctions s'arrêtent précisément là où commencent celles du contrôleur…

DUNYA VASSILIOVA.

– Vous voyez ! Elle raisonne ! C'est un comble !

GREGOR ILLITCH PÉTROVITCH.

– Maître d'hôtel ! Si vous continuez à le prendre sur ce ton, je vais être obligé de…

VLAD.

– De quoi Monsieur ?

GREGOR ILLITCH PÉTROVITCH.

– De… *(à part, à Vlad)* Enfin, faites quelque chose idiote !
Faites semblant d'être impressionnée ! *(Il lui fait un gros clin
d'œil.)* C'est pour plaire à la petite dame ! Vous
comprenez ?

VLAD, *elle tend la main, flegmatique.*

– Je comprends mal.

GREGOR ILLITCH PÉTROVITCH, *il tire un billet de son portefeuille, et le glisse à Vlad.*

– Et maintenant, vous comprenez maintenant ?

VLAD, *tout en glissant le billet dans sa poche sans discrétion.*

– Beaucoup mieux ! *(Haut, mais d'un ton très faux.)* Bien
Monsieur, comme vous voudrez Monsieur ! Oh ! Mais
n'est-ce pas justement le contrôleur que j'aperçois là-
bas ? *(À Dunya)* Vous voyez ? Je vous avais bien dit qu'il
ne tarderait pas…

Entre Youssouf.

YOUSSOUF.

– À qui est-ce ?

DUNYA VASSILIOVA, *avec mauvaise humeur.*

– Eh bien ce n'est pas trop tôt !

YOUSSOUF.

– Bonsoir Madame. Avez-vous votre billet ?

DUNYA VASSILIOVA.

– Évidemment que je l'ai ! *(Elle sort son billet de son sac à main, et le tend à Vlad d'un geste méprisant tout en se tournant vers Pétrovitch).* Je ne vous remercierai jamais assez de ce que vous avez fait pour moi cher monsieur…

GREGOR ILLITCH PÉTROVITCH.

– Pétrovitch, Madame, Gregor Illitch Pétrovitch, pour vous servir… C'était bien peu de chose…

YOUSSOUF.

– Si Madame veut bien me suivre…

DUNYA VASSILIOVA.

– Oui, j'arrive ! Ah là, là ! On les attend des heures et puis après il faut se dépêcher… On n'est pas à la seconde ! *(Minaudant pour Pétrovitch)* Gregor Illitch Pétrovitch, pourrais-je vous appeler Illia ?

GREGOR ILLITCH PÉTROVITCH.

– Mais avec joie chère madame ! Avec joie !

DUNYA VASSILIOVA.

– Alors, à tout à l'heure… Illia ! *(Elle commence une sortie très romantique vers le côté cour mais elle se heurte au porteur qui n'a pas bougé d'un pouce)* Mais qu'est-ce que vous fichez en plein milieu du chemin bougre d'andouille !

LE PORTEUR.

– J'attends…

DUNYA VASSILIOVA.

– Mais vous attendez quoi à la fin ? *(Sans rien dire, le porteur tend la main, Dunya Vassiliova fouille dans son sac en protestant.)* Mais que c'est pénible ces gens qui ne pensent qu'à l'argent ! *(Elle lui donne une pièce.)* Voilà, c'est bon maintenant ? C'est assez ?

> *Sans enthousiasme, le Porteur s'empare de la malle et sort. Dunya le suit mais Vlad l'arrête*

YOUSSOUF.

– Madame,

DUNYA VASSILIOVA.

– Quoi ? Vous aussi ? Mais c'est une maladie !

YOUSSOUF, *il lui tend son billet.*

– Votre billet madame.

DUNYA VASSILIOVA.

– Hmpf !

> *Dunya prend le billet et sort à la suite du Porteur.*

YOUSSOUF, *à Pétrovitch.*

– Je reviens tout de suite, Monsieur.

Scène IV - Les rebelles

C'est la nuit dans la montagne. Ils sont assis par terre, manifestement las et fatigués mais en alerte. Ils portent des armes, leurs visages sont dissimulés sous des foulards.

Entre le rebelle messager

LE MESSAGER REBELLE.

– Camarades ! Omar s'est échappé. *(Réactions diverses des autres, mais assez dépourvues d'enthousiasme.)* Vous m'entendez ? Omar s'est évadé !

UN REBELLE.

– Et alors… tu le connais ?

UN REBELLE.

– Depuis le temps qu'on en entend parler, personne ne l'a jamais vu !

UN REBELLE.

– C'est à se demander s'il existe ton « Omar ».

UN REBELLE.

– C'est un fantôme oui !

Ils rient

LE MESSAGER REBELLE.

– Non ! Non ! Vous vous trompez, Omar s'est évadé, je le sais !

UN REBELLE.

— Et comment le sais-tu ?

LE MESSAGER REBELLE.

— Je le sais... parce que... Parce que j'y étais ! Voilà pourquoi !

LE VIEUX REBELLE.

— Toi ? Tu as vu Omar ?

LE MESSAGER REBELLE.

— Parfaitement ! Je l'ai vu comme je te vois !

LE VIEUX REBELLE.

— Et tu lui as parlé ?

LE MESSAGER REBELLE.

— Non... C'est lui qui parlait !

UN REBELLE.

— Qu'est-ce qu'il disait ?

UN REBELLE.

— Comment est-il ?

UN REBELLE.

— Qu'est-ce qu'il a fait ?

LE MESSAGER REBELLE.

— J'étais là, devant la caserne...

UN REBELLE.

— Quelle caserne ?

Un Rebelle.

– Où ça ?

Un Rebelle.

– Ah mais taisez-vous à la fin ! Laissez-le parler !

Le Messager Rebelle.

– J'étais là, devant la caserne, quand je les ai vus sortir. J'ai tout de suite su que c'était Omar. C'est un géant ! Il fait trois têtes de plus que les autres. Il était tout couvert de chaînes et six hommes au moins le gardaient.

Le Vieux Rebelle.

– Qu'est-ce qu'y dit ?

Un Rebelle.

– Il dit que dix hommes le gardaient…

Le Messager Rebelle.

– Il avançait sous le soleil, et sous l'ombre de son turban ou voyait filtrer l'éclat de ses yeux… Son regard s'est posé sur moi…

Tous ont un frisson d'émotion.

Le Messager Rebelle, *au fur et à mesure qu'il parle, les autres se passionnent et s'enthousiasment.*

– Il a tout de suite su que je l'avais reconnu ! Alors, il a gonflé ses muscles et sa poitrine comme ça *(Il le fait.)* il a pris une terrible inspiration comme ça *(Il le fait.)* et tchac ! D'un seul coup il a brisé ses chaînes ! D'un seul coup, juste avec la force de ses muscles ! Alors, il a attrapé le garde qui était le plus près de lui, il l'a soulevé de terre, il l'a fait tournoyer en l'air et il l'a jeté sur les autres ! Ils sont tous tombés et Omar s'est enfui ! En un instant il avait disparu ! Il ne restait par terre que les gardes terrorisés qui n'osaient pas se relever !

UN REBELLE.

– Incroyable !

UN REBELLE, *au vieux.*

– Il a tué tous les gardes !

LE VIEUX REBELLE.

– Qu'est-ce qu'y dit ?

UN REBELLE.

– Il a tué tout un régiment !

LE MESSAGER REBELLE.

– Il a sauté dans un train qui l'a emporté au loin…

UN REBELLE, *au vieux.*

– Et il s'est enfui en volant dans les airs !

UN REBELLE.

– C'est un héros !

UN REBELLE.

– Nous sommes sauvés !

UN REBELLE.

– Il a brisé ses chaînes !

*Ils sont tous debout, ils commencent à chanter et à danser,
totalement galvanisés.*

Scène V - Pétrovitch, Vlad, Porteur 2, Le Père Cyrille, puis, les Plumier, le porteur des Plumier.

Le train roule. Vlad et le porteur ont toujours l'œil dans le vide. Ils sont face au public et n'expriment absolument rien.

GREGOR ILLITCH PÉTROVITCH.

– Bien ! Et bien… Attendons ! *(Il regarde Vlad qui ne le regarde pas.)* Très bien, très bien, très bien…

Il ne sait quoi faire. Il regarde l'heure à sa montre, vérifie qu'elle n'est pas arrêtée, adresse des mimiques entendues à Vlad qui s'en fiche, tente de le prendre à partie, mais toujours en vain.

Entre le Père Cyrille.

LE PÈRE CYRILLE, *il s'assied à une table.*

– Maître d'hôtel !

VLAD.

– Oui, Monsieur ?

LE PÈRE CYRILLE.

– Mon Père. On dit : « oui, mon père » à un prêtre, vous ne le saviez pas ?

VLAD.

– Que monsieur m'excuse, mais j'ai un peu de mal avec ça…

LE PÈRE CYRILLE.

– Avec quoi ?

VLAD.

– Et bien, avec toutes ces formules de préséance. Vous, par exemple, eh bien je ne sais pas si vous êtes prêtre ou hiéromoine ou peut-être higoumène et je ne peux savoir à coup sûr si je dois dire, « Père », « Mon Père » ou « Géronda ». Vous comprenez ? Et si vous tenez compte du fait qu'en plus je m'en fiche… *(Le père Cyrille le regarde un peu estomaqué.)* Bon qu'est-ce que je vous sers, « Mon Père » ?

LE PÈRE CYRILLE.

– Un petit whisky « Ma Fille »

GREGOR ILLITCH PÉTROVITCH, *en s'asseyant à l'autre table.*

– La même chose pour moi fillette !

VLAD.

– Bien Papa !

Vlad sort.

GREGOR ILLITCH PÉTROVITCH.

– Vous êtes bien installé mon Père ?

LE PÈRE CYRILLE.

– Très bien, mon Fils, je vous remercie. Et vous-même ?

GREGOR ILLITCH PÉTROVITCH.

– Pas encore, j'attends le contrôleur…

LE PÈRE CYRILLE, *qui s'en fiche complètement.*

– Ah bon… ?

Entre Vlad avec les deux whiskies sur un plateau.

VLAD, *il dépose le whisky sur la table du Père Cyrille.*

– Voilà Mon Père. Vous êtes dans la cabine… ?

LE PÈRE CYRILLE.

– Dix-huit ma fille.

VLAD, *il note sur le carnet de son plateau.*

– Merci mon Père. *(Il dépose le Whisky sur la table de Pétrovitch.)* Et vous, c'est la cabine… ?

GREGOR ILLITCH PÉTROVITCH, *il consulte son billet.*

– Vingt-trois, enfin… normalement !

VLAD, *même jeu.*

– Vingt-trois, merci monsieur.

Il sort.

GREGOR ILLITCH PÉTROVITCH, *apparemment très désireux de lier conversation.*

– Et… Qu'est-ce que nous disions ?

LE PÈRE CYRILLE, *il réfléchit un peu.*

– Il me semble que j'avais dit « Ah, Bon. »

GREGOR ILLITCH PÉTROVITCH.

– Ah… Bon.

Entre Esther Plumier précédée par un porteur avec une énorme malle. Elle est très coquette, à la limite de l'inconvenance.

ESTHER PLUMIER, *vers la coulisse d'où elle vient de sortir.*

– Tu viens Chouchou ? Chouchou ! *(Plus fort.)* Chouchou ? Mais qu'est-ce que tu fais ?

ADOLF PLUMIER, *en coulisse.*

– J'arrive, j'arrive !

ESTHER PLUMIER, *vers la coulisse.*

– Mais dépêche-toi un peu ! *(Aux deux hommes assis et en minaudant d'emblée un petit peu.)* Bonjour, Messieurs, est-ce que vous savez où est le contrôleur ?

GREGOR ILLITCH PÉTROVITCH, *en se levant pour la saluer.*

– Bonjour, Madame. Oui je le sais, il est actuellement en train d'installer un voyageur et je l'attends ici même. Il ne devrait plus tarder maintenant.

ESTHER PLUMIER.

– Oh ben merci Monsieur. Vous êtes bien aimable… J'm'escuse que je vous ai dérangé hein, mais c'est à cause que mon mari, vous comprenez… *(Vers la coulisse.)* Eh ben Chouchou ! C'est pour aujourd'hui ou c'est pour demain ?

ADOLF PLUMIER.

– Voilà, voilà ! *(C'est un vieux garçon aux manières une peu brutales. C'est un couple très très mal assorti. Il entre, les bras tout encombrés de cartons à chapeaux et de bagages féminins dont il est empêtré. Et s'effondre sur une chaise à côté du Père Cyrille.)* Je n'en peux plus !

ESTHER PLUMIER.

– Déjà ! *(Aux autres.)* Et ben ça promet pour un voyage de noces ! *(À son mari.)* Tu vas t'remettre j'espère ! La journée elle est pas finite ! *(Aux autres, avec une allusion salace.)* Et j'te parle pas d'la nuit ! Ha, ha ! Nan mais c'est pasque c'est comme qui dirait not' nuit d'noces ! Si ! On vient juste de s'marier Adolf et moi, et on a encore jamais *(Elle fait un geste explicite)*. Alors là, on est comme qui dirait sur les chardons allemands ! Nan mais t'imagines pas comment qu'on s'retient ! Hein Chouchou !

ADOLF PLUMIER.

– Oui Chérie. *(Aux autres.)* Excusez ma femme messieurs, elle est assez… directe, et je crois que nous ne nous sommes pas encore présentés. *(Il se lève.)* Alors voilà, je suis Adolf Plumier et j'ai le plaisir de vous présenter Esther mon épouse.

ESTHER PLUMIER, *elle lui saute au cou.*

– Merci Chouchou ! J'adore comme t'es distingué ! *(Aux autres.)* Vous trouvez pas qu'il est vachement distingué ? Quand il me présente comme ça *(Elle l'imite.)* « j'ai le plaisir de vous présenter Esther mon épouse » ça me fait des choses ! Vous pouvez pas savoir !

ADOLF PLUMIER.

– Chérie, je crois que c'est mieux effectivement si ces messieurs… Hum… Ces messieurs voudraient peut-être se présenter et…

ESTHER PLUMIER.

– Oh oui, oui ! Présentez-vous j'adore ça !

GREGOR ILLITCH PÉTROVITCH, *il se lève.*

– Et bien, je commencerai donc : je suis Gregor Illitch Pétrovitch, à votre service madame et enchanté de faire votre connaissance.

ESTHER PLUMIER.

– Mais moi aussiiiiiiiiii ! C'est merveilleux ! Chouchou, je sens que je vais a-do-rer ce voyage ! C'est tellement distingué et tout ! *(Elle se tourne vers le Père Cyrille.)* Et vous, c'est comment vot'nom ?

LE PÈRE CYRILLE.

– Bonsoir, ma Fille je suis le Père Cyrille, que la paix soit avec vous…

ESTHER PLUMIER, *elle se trouve presque mal, elle tombe assise.*

– Chouchou ! Il a dit « ma Fille »… Tu crois que c'est…

ADOLF PLUMIER.

– Mais non chérie, c'est… C'est seulement une formule de salutation, c'est que monsieur est…

ESTHER PLUMIER, *au Père Cyrille.*

– Vous êtes mon papa ?

LE PÈRE CYRILLE, *un peu alarmé, mais riant malgré tout.*

– Ah mais non ! Mais pas du tout ! Mais non, ma fille…

ESTHER PLUMIER, *à Adolphe.*

– T'as vu ? Y r'commence !

ADOLF PLUMIER.

– Mais non, chérie, ce monsieur n'est pas ton papa !

ESTHER PLUMIER.

– T'es sûr ?

ADOLF PLUMIER.

– Oui ! Enfin… Oui, je suis sûr autant qu'on peut l'être !

ESTHER PLUMIER, *au Père Cyrille.*

– J'm'escuse hein ! Mais c'est pasque j'ai pas connu mon père alors quand vous avez dit « ma fille » ça m'a… *(Elle fait le geste de s'aérer.)* En même temps vous êtes quand même vachement jeune pour être mon père… *(Elle le dévisage comme elle ferait d'un tableau.)* Non ? Vous trouvez pas ? Hein Chouchou, tu trouves pas que monsieur est bien trop jeune pour… Non ?

Entre Youssouf.

YOUSSOUF, *à Pétrovitch.*

– Si monsieur veut bien me suivre…

GREGOR ILLITCH PÉTROVITCH, *aux autres.*

– À Toute à l'heure chers amis ! J'espère que nous aurons encore l'occasion d'apprécier votre compagnie et celle de votre charmante épouse, Monsieur Plumier.

YOUSSOUF, *aux Plumier.*

– Je reviens dans une minute.

Il sort avec Youssouf et le porteur.

Scène VI - Le Super-Général, le Général Heinz, le Général Zweig, le Général Viel.

Même mise en scène que pour 0.1. Le Super-Général, le Gal Heinz et le Gal Viel sont penchés sur une carte qu'ils étudient.

Entre le Gal Viel

LE GÉNÉRAL VIE, *il a l'air très content de lui.*

— À vos ordres mon Super-Général !

LE SUPER-GÉNÉRAL.

— Ah ! Est-ce que vous l'avez retrouvé ?

LE GÉNÉRAL VIEL.

— Non, mon Super Général !

LE SUPER-GÉNÉRAL.

— Et ça vous fait rire ?

LE GÉNÉRAL VIEL.

— Non, mon Super-Général…

LE SUPER-GÉNÉRAL.

— Et qu'est-ce donc qui ne vous fait pas rire… ?

LE GÉNÉRAL VIEL.

— Et bien, *(Il jette un coup d'œil hésitant.)* Nous avons des nouvelles mon super-général.

LE SUPER-GÉNÉRAL.

— De qui, Général ?

LE GÉNÉRAL VIEL.

– Des rebelles mon Super-Général !

LE SUPER-GÉNÉRAL.

– Des rebelles ? Comment ça des rebelles !

LE GÉNÉRAL VIEL.

– Toute une bande de rebelles, dans la montagne !

LE SUPER-GÉNÉRAL.

– Mais par qui sont-ils dirigés ces rebelles ?

LE GÉNÉRAL VIEL.

– Certainement par Omar mon Super…

LE SUPER-GÉNÉRAL.

– Quoi ? Mais c'est une catastrophe ! Vous voulez dire qu'Omar et les rebelles ont fait leur jonction !

LE GÉNÉRAL VIEL.

– Heu… Ça, je ne sais pas mon Super-Général, mais, par contre, ils sont ensemble maintenant… Il paraît qu'ils se dirigent vers le col de Klutz.

LE SUPER-GÉNÉRAL.

– Le Col de Klutz ? Mais le train doit passer par là non ?

LE GÉNÉRAL VIEL.

– Le train ? Quel train ?

LE SUPER-GÉNÉRAL.

– Le train dans lequel Omar s'est enfui d'après vous…

LE GÉNÉRAL VIEL.

– J'ai dit ça ?

LE SUPER-GÉNÉRAL.

– Vous l'avez dit.

LE GÉNÉRAL VIEL.

– Ah mais oui, mais non, pas du tout parce que vous comprenez c'est impossible et bien sûr que je ne…

LE SUPER-GÉNÉRAL.

– Alors, cet Omar, il est dans le train ou avec les rebelles ?

LE GÉNÉRAL VIEL.

– Et bien… À vrai dire, je ne…

LE SUPER-GÉNÉRAL.

– Mouais, je vois… Alors… Qu'est-ce que vous comptez faire maintenant ?

LE GÉNÉRAL VIEL.

– Et bien… Je suis venu vous le dire !

Scène VII - Esther et Adolf Plumier, Le Père Cyrille, Le porteur des Plumier, Schweik.

Entre Schweik, précédé de son porteur. Il est sale, mal habillé, vulgaire, mais il parle aimablement à son porteur.

Dès l'entrée de Schweik, le Père Cyrille se détourne pour ne pas être reconnu.

FIODOR SCHWEIK

– Allons, petite colombe, pose tout ça. J'attendrai le contrôleur ici. *(Il lui donne une pièce d'un montant manifestement insuffisant et le porteur veut protester mais Schweik ne le regarde plus. Il s'adresse aux autres personnes présentes.)* Bonjour messieurs dames ! Pouvez-vous me dire si le contrôleur est par ici ?

ADOLF PLUMIER.

– Il vient de partir, il va revenir.

FIODOR SCHWEIK

– Merci infiniment, cher Monsieur. Permettez-moi de me présenter : Fiodor Schweik, à votre service.

ADOLF PLUMIER, *se levant.*

– Adolf Plumier, enchanté, et permettez-moi de vous présenter Esther mon épouse.

ESTHER PLUMIER, *elle tend la main comme pour un baisemain.*

– Cher Monsieur…

Fiodor Schweik, ne comprenant pas du tout ce qu'on attend de lui, lui serre carrément la main.

FIODOR SCHWEIK.

– Bonjour Madame. *(Tout émoustillé, il s'adresse à Adolphe.)* Félicitations ! Elle est charmante ! *(À Esther.)* Vous êtes charmante ! Si, si… Vraiment !

ADOLF PLUMIER, *un peu froissé.*

– Nous sommes en voyage de noces !

FIODOR SCHWEIK, *perdu dans sa contemplation d'Esther.*

– Hein ? Ah… Tant pis ! Je veux dire… Oui, heu, bravo ! Très bien.

LE PÈRE CYRILLE, *se levant précipitamment, il sort en les bousculant.*

– Pardon, excusez-moi…

FIODOR SCHWEIK, *intrigué par cette sortie.*

– Qui est-ce ?

ESTHER PLUMIER.

– C'est mon père Cyrille.

FIODOR SCHWEIK

– Ah bon ? Votre Père voyage avec vous ?

ADOLF PLUMIER.

– Mais non voyons, ce n'est pas… Comment vous dire ? Ce n'est pas du tout son père…

ESTHER PLUMIER.

– Et d'ailleurs il est beaucoup trop jeune !

FIODOR SCHWEIK, *pensif, en s'asseyant.*

– Il me semble le connaître…

ESTHER PLUMIER, *d'un coup enthousiaste.*

– Vous connaissez mon père ?

FIODOR SCHWEIK.

– Hein ? Heu… Je ne sais pas… Qui est-ce ?

Entre Dunya très élégante. Personne ne fait attention à elle. Elle est un peu vexée.

DUNYA VASSILIOVA.

– Hem, hem… *(Elle s'approche de la table où est installé Schweik.)* Puis-je m'asseoir à votre table ?

FIODOR SCHWEIK.

– Ah ? Tout à fait, bien sûr, évidemment, mais certainement, je veux dire, « oui ».

Dunya s'assied en faisant beaucoup de chichis.

ESTHER PLUMIER, *à part, à son mari.*

– Qui c'est celle-là ? Pour quoi qu'è's'prend ? Elle a mauvais genre…

ADOLF PLUMIER, *gêné.*

– Voyons Bibiche !

ESTHER PLUMIER, *à part, mais plus fort.*

– Quoi ? Tu vas pas me dire qu'elle a pas mauvais genre !

DUNYA VASSILIOVA, *à Schweik, mais trop fort.*

– Vous êtes sûr que je ne vous dérange pas au moins ?

FIODOR SCHWEIK.

– Ah ? Tout à fait, bien sûr, évidemment, mais certainement, je veux dire, « non ». *(Il la regarde avec une attention soutenue.)* Je ne vous ai pas déjà vue quelque part ?

DUNYA VASSILIOVA.

– Mais… non, je ne crois pas, d'ailleurs je n'ai pas très bien compris votre nom.

FIODOR SCHWEIK, *avec un rire vulgaire.*

– Ben évidemment ! J'l'ai pas dit ! *(Il se lève et lui tend la main.)* Moi, c'est Schweik. Fiodor Schweik.

Dunya se lève également et lui tend la main.

DUNYA VASSILIOVA.

– Dunya Vassiliova. Aïe ! *(Elle tombe contre lui et s'accroche à sa veste. Elle lui subtilise son portefeuille.)* Mais quelle brute ! Vous m'avez broyé la main !

FIODOR SCHWEIK.

– Dame ! C'est qu'il est costaud le petit père Schweik !

DUNYA VASSILIOVA, *se détournant pour mettre le portefeuille de Schweik dans son sac à main.*

– Et à quoi donc peut vous servir ce genre de force ?

FIODOR SCHWEIK.

– Généralement à casser des noix…

DUNYA VASSILIOVA.

– Vous avez prix ma main pour une noix ?

ESTHER PLUMIER, *qui a vu le vol du portefeuille à part, à son mari.*

– Mais… T'as vu ?

ADOLF PLUMIER.

– Quoi Bibiche ?

ESTHER PLUMIER, *même jeu.*

– Arrête de m'appeler comme ça, tu veux ? Elle lui a volé son portefeuille !

ADOLF PLUMIER.

– Qui ça Bib… heu… ?

ESTHER PLUMIER.

– Mais elle là, celle-là ! *(Elle la montre du doigt.)*

ADOLF PLUMIER.

– Mais enfin, on ne montre pas les gens du doigt comme ça !

ESTHER PLUMIER.

– Mais c'est pas un « gens », c'est une voleuse !

ADOLF PLUMIER.

– Mais enfin, ça ne se fait pas ! C'est mal élevé !

ESTHER PLUMIER.

– Ah ouais ? Et si je lui flanque ma main dans la figure c'est mal élevé aussi ?

ADOLF PLUMIER.

— Bibiche !

Scène VIII - Le chœur des intrus.

Omar, le coryphée, monte furtivement à bord du train la nuit, pendant qu'il roule. Il est rejoint petit à petit par plusieurs autres.

LE MESSAGER REBELLE.

– Le voilà donc, ce train de luxe rempli de fainéants et de profiteurs qui avalent du caviar à la louche pendant que le peuple s'échine… C'est ici que nous allons frapper un grand coup ! *(Il regarde autour de lui, s'étonne de la médiocrité de l'endroit.)* Peuh ! Quelle décadence ! Ces sièges miteux, ces tentures pourries, il faut vraiment être désespérément accroché à la splendeur de la richesse pour se contenter de ces signes minables… Je hais ces gros mollassons engoncés dans leur graisse. Il est temps qu'on en finisse avec eux. *(Vers la coulisse.)* Venez, vous autres, mais sans bruit !

Les intrus entrent un par un et prennent position dans tout l'espace de façon souple et menaçante. Ils scrutent les coulisses des deux côtés.

– ÊTES-VOUS PRÊTS COMPAGNONS ?

LE CHŒUR, *ensemble. Toutes les réponses du chœur sont comme une incantation mille fois répétée et apprise par cœur.*

– Nous sommes prêts, compagnon.

LE MESSAGER REBELLE.

– Regardez, compagnons, c'est ici que se prélassent les gros, les gras, les fainéants.

LE CHŒUR.

– Les gros, les gras, les fainéants.

LE MESSAGER REBELLE.

– Ils boivent du vin et notre sang !

LE CHŒUR.

– Les gros, les gras, les fainéants.

LE MESSAGER REBELLE.

– Ils mangent du lard et notre chair…

LE CHŒUR.

– Les gros, les gras, les fainéants.

LE MESSAGER REBELLE.

– Tandis que vous crevez de faim…

LE CHŒUR.

– Les gros, les gras, les fainéants.

LE MESSAGER REBELLE.

– Allez-vous laisser faire ?

LE CHŒUR.

– Non !

LE MESSAGER REBELLE.

– Voulez-vous les sauver ?

LE CHŒUR.

– Non !

LE MESSAGER REBELLE.

– Pouvez-vous les aimer ?

LE CHŒUR.

– Non !

LE MESSAGER REBELLE.

– Alors qu'allez-vous faire ?

LE CHŒUR.

– Nous les truciderons,

Nous les égorgerons,

Nous les dévorerons,

Car nous sommes forts,

Nous sommes les plus forts,

Nous sommes ensemble,

Ensemble,

Ensemble,

C'est ce qui compte,

Ensemble,

Ensemble,

Ensemble !

LE MESSAGER REBELLE.

– Pas de pitié ?

LE CHŒUR.

– Non !

LE MESSAGER REBELLE.

– Pas de quartier ?

LE CHŒUR.

– Non !

LE MESSAGER REBELLE.

– Et nous vaincrons !

LE CHŒUR.

– Et nous vaincrons !

Le rituel cesse.

LE MESSAGER REBELLE.

– Allez et cachez-vous ! Vous êtes minces et invisibles, ils ne vous verront pas, ils ne vous voient jamais de toute façon. Soyez leur ombre, appliquez-vous à les servir, pour quelques heures encore faites semblant d'être leurs domestiques, leurs esclaves, leurs chiens. La libération approche ! Nous allons frapper !

LE CHŒUR.

– Nous allons frapper !

Nous les truciderons,

Nous les égorgerons,

Nous les dévorerons,

Car nous sommes forts,

Nous sommes les plus forts,

Nous sommes ensemble,

Ensemble,

Ensemble,

C'est ce qui compte,

Ensemble,

Ensemble,

Ensemble !

> *Ils sortent tous.*

> *Note : Tous les intrus portent un signe distinctif dans leur masque (il faut décider de ce que c'est : grand nez, grosses joues, un sourcil levé ou autre) que les autres personnages n'ont pas.*

> *À partir de cette scène les personnages de services auront tous petit à petit ce même signe distinctif (grooms, domestiques, contrôleurs etc.) auront petit à petit les masques des intrus, signe qu'ils sont finalement gagnés à la cause des intrus.*

Scène IX - Schweik, Pétrovitch, Dunya, Esther Plumier, Adolf Plumier,

Le wagon-restaurant

Le train roule, c'est le soir.

Il y a deux tables et plusieurs banquettes. Les passagers sont tous occupés à des tâches silencieuses. Certains lisent, d'autres jouent aux cartes, d'autres somnolent. Personne ne parle.

Le « katang-katang » régulier des essieux est très lent. Les têtes des passagers sont animées d'un petit mouvement qui donne à voir le mouvement du train.

L'ambiance est calme et la lumière tamisée. On sent que le voyage dure depuis trop longtemps, qu'il est épuisant et qu'à ce moment tout le monde se repose.

Arrive une bonne agitant frénétiquement une cloche et qui hurle à tue-tête.

LA BONNE.

– Dernier service ! Dernier service ! *(Elle aperçoit les clients somnolents. Elle fait mine de parler moins fort mais en réalité elle continue exactement sur le même ton, avec une certaine impertinence)* Oh ! Pardon M'sieur-dame ! J'm'escuse mais faut que j'fais mon métier… Vous êtes bien installés ! Vous avez tout c'qu'y vous faut ? Est-ce que y'en aurait qui voudraient boire quèqu'chose ? *(À Pétrovitch.)* Encore une vodka m'sieur Pétrovitch ? Vous qu'avez toujours soif… Non ? Vraiment ? V'z'êtes sûr ? Et mon curé, y va bien r'prend' un p'tit ouisqui ? Ben où c'est qu'il est mon curé ? Ben il est pas là ? *(Elle cherche, elle demande, très très importune.)* Hein ? Il est pas là l'curé ?

ADOLF PLUMIER, *excédé.*

– Mais enfin, fichez-nous la paix, espèce de sale…

LA BONNE, *à Adolf, menaçante.*

– Espèce de sale quoi ? Nan mais va-z-y, te gêne pas, va au bout de tes idées, camarade ! Espèce de sale quoi ? J'fais qu'mon travail moi, Meûssieur ! Passque j'ai b'soin d'gagner ma vie moi, Meuuuûssieur ! Et c'est pas facile de gagner sa vie en servant des… *(Elle regarde autour d'elle avec un immense mépris.)* Enfin j'me comprends ! Alors on me respèque ! Compris ? Passque ici, si tu veux z'êt' servi, c'est à la bonne que tu lui d'mandes, et si tu la traites comme un chien la bonne, eh bien, c'est pas sûr qu'elle t'entendra ! *(Elle se détourne d'Adolf.)* Non mais, pour quoi qu'y s'croit lui !

GREGOR ILLITCH PÉTROVITCH.

– Mademoiselle ! *(Il brandit un billet.)* Finalement je veux bien une autre vodka s'il vous plaît.

LA BONNE, *tout de suite obséquieuse, elle saisit le billet.*

– Une vodka ? Tout de suite Monsieur, bien Monsieur, merci Monsieur… *(En sortant, elle jette à Adolf.)* Heureusement qu'il y en a encore quelques-uns qui savent parler aux femmes…

> *Dès que la bonne est sortie, il s'installe un silence assez désagréable. Tout le monde se regarde plus ou moins en chien de faïence.*

ESTHER PLUMIER, *à son mari, d'un ton aigre.*

– Ah ben bravo !

ADOLF PLUMIER, *se rebiffant.*

– Quoi ? Qu'est-ce que j'ai dit ?

ESTHER PLUMIER, *faussement compatissante.*

– Comment ça, qu'est-ce t'as dit ? Tu peux dire merci à Monsieur Pétrovitch qu'autrement t'aurais drôlement l'air…

ADOLF PLUMIER.

– Mais cette sale bonne femme me traitait plus bas que terre !

FIODOR SCHWEIK

– « Sale bonne femme » ! Faites attention à ce que vous dites Plumier, vous aggravez votre cas !

ADOLF PLUMIER.

– Comment ça, j'aggrave mon cas ?

DUNYA VASSILIOVA.

– Mais voyons cher ami, vous avez bien vu que cette pauvre fille n'avait pas toute sa tête…

ADOLF PLUMIER.

– Ah bon ? Pourtant elle m'a semblé très bien savoir ce qu'elle disait… Et je l'ai trouvée odieuse mais pas folle, non…

ESTHER PLUMIER, *elle se signe rapidement.*

– Ah ben dis donc ! « Odieuse » maintenant ! Mais chouchou tu blasphèmes !

ADOLF PLUMIER.

– Hein ? Mais pas du tout !

ESTHER PLUMIER.

– Mais Adolf, les dieuses aussi elles ont le droit au respect ! Y'a pas que les dieux ! Vilnius Ménerve et Affreudite c'est quoi ? De la gnognotte ?

ADOLF PLUMIER.

– Mais enfin chérie…

> *Esther se détourne ostensiblement, très agacée. Il y a un temps de silence gêné.*

GREGOR ILLITCH PÉTROVITCH, *à Adolf.*

– Je vous prie de m'excuser, Monsieur Plumier, d'avoir été la cause involontaire de ce fâcheux incident, j'ai cru bien faire et…

ESTHER PLUMIER, *minaudant à l'extrême.*

– Mais pas du tout, mais non voyons, très cher ami, mon mari et moi-même il est très reconnaissant que vous avez rattrapé sa conn… sa bêtise et… *(Elle jette un œil vers la coulisse.)* Attention, la voilà !

> *Tout le monde prend une position « très naturelle » Entre La Bonne avec la vodka sur un plateau. Tout le monde se tait. Et la suit des yeux. Elle pose très aimablement le verre devant Pétrovitch*

GREGOR ILLITCH PÉTROVITCH.

– Non, non, gardez la monnaie…

LA BONNE, *obséquieuse.*

— Merci, Monsieur, merci beaucoup ! *(Elle sort. À Adolf.)* Pff !

ADOLF PLUMIER.

— Vous avez vu ? Elle recommence !

FIODOR SCHWEIK

— Ah mais vous allez pas vous y remettre vous aussi ?

TOUS, SAUF ADOLF PLUMIER. *(En vrac.)*

— Oui, c'est vrai, Ah non ! Ça suffit ! Etc.

Entre Youssouf.

YOUSSOUF.

— Excusez-moi messieurs dames, mais je cherche le Père Cyrille, vous ne l'avez pas vu ?

ADOLF PLUMIER, *il fait signe à Youssouf d'approcher.*

— S'il vous plaît !

YOUSSOUF.

— Vous savez où il est ?

ADOLF PLUMIER, *à part.*

— Non, mais je voulais vous signaler que votre bonne est extrêmement impertinente !

YOUSSOUF.

— Ma bonne ? Mais je n'ai pas de bonne, moi. Il faut que vous parliez de cela au maître d'hôtel, moi, je suis le contrôleur…

ADOLF PLUMIER.

– Ah d'accord ! Vous vous en lavez les mains c'est cela… Eh bien, vous aurez de mes nouvelles ! Sachez, mon ami, que je suis au mieux avec le premier secrétaire d'un avocat qui travaille au service d'un des conseillers du ministre…

YOUSSOUF, *l'interrompant.*

– Je suis très impressionné… Vous avez raison, dites-lui bien tout ! N'oubliez surtout rien…, mais en attendant, si vous voulez bien m'excuser… *(Il retourne vers les autres.)* Si vous voyez le Père Cyrille, pouvez-vous lui que je le cherche ?

ADOLF PLUMIER, *boudeur.*

– Certainement pas ! Moi, je vais dormir !

Adolf sort.

Scène X - Dunya, Le Père Cyrille.

Le train roule, pénombre, c'est après le repas, Dounya est à une table le Père Cyrille à une autre. Ils sont absorbés dans leur rêverie. Dounya regarde par la fenêtre, le Père Cyrille la regarde à la dérobée, elle fait mine de ne pas s'en apercevoir.

DUNYA VASSILIOVA, *pour elle-même.*

– C'est drôle de regarder défiler la nuit... On ne voit rien mais on peut tout imaginer. Peut-être qu'il y a de grandes montagnes autour de nous, peut-être que c'est une vaste plaine, qu'il y a une rivière... De temps en temps on aperçoit une lumière, c'est incroyable que des gens puissent habiter ici, au milieu de nulle part... *(D'un coup plus fort, au Père Cyrille.)* N'est-ce pas mon père !

LE PÈRE CYRILLE, *il sursaute.*

– Hein ?

DUNYA VASSILIOVA.

– Je disais, c'est étonnant !

LE PÈRE CYRILLE.

– Quoi donc ?

DUNYA VASSILIOVA.

– Les apparences...

LE PÈRE CYRILLE, *qui s'en fiche.*

– Oui, sans doute...

DUNYA VASSILIOVA.

– On n'imaginerait pas que des gens vivent ici…

LE PÈRE CYRILLE, *même jeu.*

– Oui, oui…

DUNYA VASSILIOVA.

– C'est comme vous…

LE PÈRE CYRILLE.

– Moi ?

DUNYA VASSILIOVA.

– On n'imaginerait pas qu'un prêtre regarde en douce les jolies filles…

LE PÈRE CYRILLE, *après un long silence.*

– Quelles jolies filles ?

DUNYA VASSILIOVA, *vexée.*

– Vous n'êtes pas obligé d'ajouter la goujaterie à l'hypocrisie !

LE PÈRE CYRILLE.

– Pardonnez-moi chère amie, mais je ne vois pas ici de « fille », Je vois au contraire, une femme dans toute sa plénitude et sa rayonnante maturité !

DUNYA VASSILIOVA.

– Mon père ! Quel langage !

LE PÈRE CYRILLE.

– C'est l'hommage de tout homme devant le charme féminin… Mais je suis prêtre, vous savez bien qu'avec moi vous ne risquez rien…

DUNYA VASSILIOVA.

– Oh je sais ! Et… De toute façon, je suis une femme mariée alors…

LE PÈRE CYRILLE.

– Une femme mariée… Sans son mari…

DUNYA VASSILIOVA.

– Une femme mariée qui a été appelée en urgence au chevet de sa vieille mère malade…

LE PÈRE CYRILLE.

– Ah ciel ! Quel merveilleux dévouement ! Et comme votre mère sera heureuse de voir arriver sa fille aussi… Resplendissante ! Car vous êtes d'une élégance suprême chère amie…

DUNYA VASSILIOVA.

– Mon Père, ne recommencez pas… Ces propos me troublent tellement…

Le Père Cyrille se lève pour s'installer près d'elle dans une attitude équivoque.

LE PÈRE CYRILLE.

– Mais voyons, ne sommes-nous pas protégés l'un et l'autre de toute tentation ? Vous êtes mariée autant que je suis prêtre, nous n'avons rien à craindre !

Dunya Vassiliova.

– Oui, mais nous sommes seuls dans ce wagon-restaurant, dans ce train qui roule au milieu de nulle part…

Le Père Cyrille.

– C'est une situation terriblement romantique n'est-ce pas ? *(Il s'approche encore un peu d'elle, faisant mine de regarder par la fenêtre.)* Que disiez-vous de ce qu'il se passe dehors ?

Dunya Vassiliova.

– Qu'on pourrait nous voir…

Le Père Cyrille.

– Qui cela ? Omar ?

Dunya Vassiliova.

– Omar ? Qui est-ce ?

Le Père Cyrille.

– Omar, voyons ! Vous devez être la seule à ne pas avoir entendu parler de lui. Omar ! Le chef des rebelles ! Celui qui met la police sur les dents depuis son évasion !

Dunya Vassiliova.

– C'est un brigand ?

Le Père Cyrille.

– Bien pire que cela !

Dunya Vassiliova.

– Pire ? Un assassin ?

LE PÈRE CYRILLE.

– Bien pire !

DUNYA VASSILIOVA.

– Un monstre ?

LE PÈRE CYRILLE.

– Non, pire encore : Un opposant politique !

DUNYA VASSILIOVA, *riant.*

– Ah, ah, ah ! Un opposant… ! Vous êtes terrible, vous savez, un peu plus et j'avais vraiment peur !

LE PÈRE CYRILLE.

– Omar ne vous fait pas peur ?

DUNYA VASSILIOVA.

– Comment pourrais-je avoir peur d'un petit scribouillard de quatre sous, d'une espèce de rat de bibliothèque qui écrit des pamphlets et des libelles depuis le fond de son bureau ?

LE PÈRE CYRILLE.

– Vous êtes mal renseignée chère amie. Omar n'est pas du tout cela.

DUNYA VASSILIOVA.

– Je ne suis pas mal renseignée ! Je ne suis pas renseignée du tout ! Je n'ai jamais entendu parler de cet Omar. Vous le connaissez, vous ?

LE PÈRE CYRILLE.

– Comment savoir ? On raconte qu'il est partout, qu'il se transforme et se déguise, qu'il peut se faire passer pour votre meilleur ami ou votre propre mère sans que vous ne vous en doutiez…

DUNYA VASSILIOVA.

– C'est vrai ? Mais comment est-il donc ?

LE PÈRE CYRILLE.

– Personne ne le sait, sauf la police. Il a été arrêté et aussitôt mis au secret pour être interrogé. Personne ne l'a vu, mais ce qu'on sait, c'est qu'il vient de s'évader.

DUNYA VASSILIOVA.

– Malgré la surveillance, et toute cette police…

LE PÈRE CYRILLE.

– Oui, c'est très mystérieux… On sait qu'Omar s'est échappé parce que la police fouille partout.

DUNYA VASSILIOVA.

– Mais que fait-il donc de si terrible cet homme-là ?

LE PÈRE CYRILLE.

– Et bien voilà, c'est très difficile à dire ! Personne ne sait au juste ce qu'il fait. On raconte toute sorte d'histoires sur son compte. On dit qu'il vole les riches pour donner aux pauvres, d'autres disent qu'il pille, qu'il viole, qu'il assassine, on dit que c'est un saint, qu'il est immortel, on dit que c'est le Diable, on dit qu'il n'existe pas, que c'est un traître, on dit tout ce qu'on veut et chaque jour rapporte ses nouveaux exploits.

DUNYA VASSILIOVA.

– Mon Dieu ! Et vous ? Qu'en pensez-vous mon père ?

LE PÈRE CYRILLE.

– Moi, je ne sais pas. Je ne crois rien.

DUNYA VASSILIOVA.

– Vous, un prêtre, vous ne croyez à rien ? Vous croyez qu'il existe ?

LE PÈRE CYRILLE, *riant.*

– Qui ça ? Celui-là là-haut ? *(Riant plus fort, d'un rire inquiétant.)* Sur ce point, je suis comme Saint Thomas : je ne crois que ce que je vois…

DUNYA VASSILIOVA.

– Oui, j'avais déjà compris que vous n'avez pas les yeux dans votre poche.

Elle sort.

Scène XI - Le père Cyrille, seul

Il s'approche du public avec un air de confident sale. On sent dès le début qu'il va dire des choses qu'on n'a pas envie d'entendre, immorales et vulgaires. Il a une faconde malsaine, des allures de casseur d'assiette. Il jette sans cesse des petits coups d'œil de côté pour voir si quelqu'un vient. Il s'adresse au public d'un air toujours ambigu et vaguement menaçant.

LE PÈRE CYRILLE.

– Ouais… J'aime pas bien ça moi les fouineurs… Il y a du monde dans ce train… beaucoup trop… et des bobines qui me r'viennent pas. Il y en a qui ont de drôles de façons de me regarder. Peut-être qu'ils se doutent. Au bagne ils m'appelaient Mounk parce que j'ai l'air d'un moine. Prof disait que c'était le nom d'un peintre qui avait fait un tableau terrible, un tableau qui faisait peur. Je lui disais : « Je te fais peur, Prof ? » Il me regardait avec ses yeux de chouette derrière ses lunettes. Les gardes les avaient cassées exprès ses lunettes, en marchant dessus. Il les avait recollées comme il avait pu. Ça lui donnait l'air d'un épouvantail. Tu ne savais jamais ce qu'il regardait vraiment avec ses yeux perdus dans ses verres brisés comme deux gouttes de vodka au fond d'une carafe. Il te regardait au travers… Il m'a dit : « Bien sûr que tu me fais peur, Mounk. Tu es un assassin. Tout le monde à peur de toi. Tout le monde sait que tu es fou et que tu peux tuer pour un oui ou pour un non, alors tu me fais peur à moi aussi. » *(Il rit.)* Et c'était vrai tout ça ! Tout le monde avait peur de moi là-bas ! Tous, ils avaient peur de Mounk ! Ils savaient tous que leur vie ne comptait pas pour Mounk. *(Il sort un couteau de sa poche.)* Ils savaient tous que je n'hésitais jamais… J'étais le roi ! *(Il se prélasse sur une banquette et s'étire.)* Un roi de pacotille dans un palais puant ! Mes sujets étaient des pouilleux, des voleurs, la lie de l'humanité. Il n'y avait rien de beau là-bas. Ici au moins, je suis loin de tout ça. *(Il tripote la banquette, la table…)* C'est le luxe ! Il paraît que c'est bien. *(Il est très songeur.)*

Entrent les Plumier.

Scène XII - Monsieur et Madame Plumier.

On sent que ça ne va pas du tout entre les Plumier.

ADOLF PLUMIER.

− Mais enfin, Bibiche, ça n'est pas raisonnable…

ESTHER PLUMIER.

− Raisonnable ? Qui parle d'être raisonnable ! *(Elle le papouille et lui fait des caresses qui le dérangent.)* Nous sommes en voyage de noces et tu es plein aux as, on peut bien s'amuser un peu non ? Et puis d'abord le Champagne, moi, ça m'excite !

ADOLF PLUMIER.

− Ah ça, j'ai remarqué ! Et… pas que moi d'ailleurs…

ESTHER PLUMIER.

− Ah bon ? Tu as remarqué ? Moi, j'ai pas remarqué que t'as remarqué…

ADOLF PLUMIER.

− Quoi ?

ESTHER PLUMIER.

− Ben… on peut pas dire que tu te sois jeté sur moi… T'es du genre timide toi hein…

ADOLF PLUMIER.

− Mais enfin Bibiche, au milieu de tout ce monde, il faut un peu de tenue tout de même !

ESTHER PLUMIER.

— Bon, eh bien là maintenant il n'y a personne alors tu peux y aller… *(Elle prend une pose alanguie pour qu'il l'embrasse).*

ADOLF PLUMIER, *hésitant.*

— Je peux y aller…, crois-tu que ce soit bien le moment ? Quelqu'un pourrait arriver…

ESTHER PLUMIER.

— Et alors ? Nous sommes en voyage de noces, nous sommes pardonnés d'avance !

ADOLF PLUMIER.

— Mais enfin, c'est ridicule… !

ESTHER PLUMIER.

— L'amour n'est jamais ridicule et je suis folle de toi mon beau millionnaire…

ADOLF PLUMIER.

— Millionnaire… c'est vite dit…

ESTHER PLUMIER.

— Comment ça ?

ADOLF PLUMIER.

— C'est… une façon de parler…

ESTHER PLUMIER.

— Tu veux dire que tu n'es pas millionnaire ?

ADOLF PLUMIER.

– Heu, oui… enfin… non, enfin… Si mais…

ESTHER PLUMIER.

– Tu l'es oui ou non ?

ADOLF PLUMIER.

– Mais quelle importance Bibiche ! Ma fortune importe peu puisque tu es toi-même tellement riche ! Ta famille possède tant de domaines en France ! Pourquoi s'inquiéter ?

ESTHER PLUMIER.

– Oui, enfin… Ma famille tu sais…

ADOLF PLUMIER.

– Quoi… Elle ne possède pas ce fameux château dans le Périgord, une usine près de Paris et un hôtel dans le Marais ?

ESTHER PLUMIER.

– Si, si ! Tout ça est vrai, seulement…

ADOLF PLUMIER.

– Seulement quoi ?

ESTHER PLUMIER.

– Seulement…, ça n'est pas tout à fait ma famille n'est-ce pas, c'est juste… une façon de parler.

ADOLF PLUMIER.

– Mais alors, la dot que doit te faire le Marquis de Tartempion, là…

ESTHER PLUMIER.

– De Tarragon !

ADOLF PLUMIER.

– Oui, comme tu dis… Eh bien, cette dot ?

ESTHER PLUMIER.

– Eh bien, quoi ?

ADOLF PLUMIER.

– Elle existe, oui ou non ?

ESTHER PLUMIER.

– Oui, elle existe… pas de problème là-dessus !
Seulement elle n'est pas tout à fait…

ADOLF PLUMIER.

– Pas tout à fait quoi !

ESTHER PLUMIER.

– Elle n'est pas pour moi, voilà ! Mais quelle
importance ! Tu ne vas tout de même pas me faire une
scène pour quatre malheureux millions que je n'ai pas !
Qu'est-ce que c'est que quatre millions quand on en
possède dix ou douze !

ADOLF PLUMIER.

– Moi je possède dix ou douze millions ? Première
nouvelle !

ESTHER PLUMIER.

– Parce que ce n'est pas vrai ? Ce n'est pas ce que tu m'as dit ?

ADOLF PLUMIER.

– Non…, Si…, Oui je l'ai dit… Non je ne les ai pas…

ESTHER PLUMIER.

– Quoi ? Tu m'as trompée ?

ADOLF PLUMIER.

– Oui, enfin, non, pas tout à fait, on n'était pas encore…

ESTHER PLUMIER.

– Tu as menti ! Salaud !

ADOLF PLUMIER.

– Mais je ne te permets pas !

ESTHER PLUMIER.

– Alors là, je m'en fiche ! Menteur ! Sale menteur !

Elle se précipite sur lui et commence à le rouer de coups.

ADOLF PLUMIER.

– Mais…, tu as menti aussi !

ESTHER PLUMIER.

– Moi c'est pas pareil ! Moi j'ai le droit, j'ai tous les droits, moi je suis crédule et irresponsable ! Je suis une pauvre petite chose fragile et sans volonté, une faible femme sans défense, mais toi tu es un monstre lubrique ! Tu as abusé de moi

ADOLF PLUMIER.

– Aïe, arrête ! Au secours !

ESTHER PLUMIER.

– Satyre ! Pourceau ! Abruti !

Elle sort en courant.

Scène XIII - Schweik, Pétrovitch, Plumier.

Le train est arrêté, on ne sait pas pourquoi.

ADOLF PLUMIER.

– Pourquoi cet arrêt se prolonge-t-il ?

GREGOR ILLITCH PÉTROVITCH.

– Mon cher Monsieur Plumier, connaissez-vous le secret du bonheur ?

ADOLF PLUMIER.

– Quelle étrange question ? Qu'ai-je à faire de cela. Le secret du bonheur, c'est un conte de bonne femme pour endormir les petits enfants !

GREGOR ILLITCH PÉTROVITCH.

– Peut-être, Monsieur Plumier, peut-être... Mais peut-être pas... Est-ce que vous pensez qu'il est possible d'être heureux sans croire au bonheur ? Monsieur Plumier, dites-moi, est-ce que vous êtes heureux ?

ADOLF PLUMIER.

– Et bien... Naturellement !

GREGOR ILLITCH PÉTROVITCH.

– Naturellement ! Vous entendez cela Schweik ? Plumier est naturellement heureux ! Mille fois heureux celui qui l'est na-tu-rel-le-ment ! Celui qui n'a besoin d'aucun subterfuge, ni d'argent, ni d'alcool, ni d'amour pour être pleinement heureux...

ADOLF PLUMIER, *regarde Pétrovitch avec perplexité.*

– Vous êtes ivre ?

GREGOR ILLITCH PÉTROVITCH.

– « *Il faut être toujours ivre. Tout est là : c'est l'unique question. Pour ne pas sentir l'horrible fardeau du Temps qui brise vos épaules et vous penche vers la terre, il faut vous enivrer sans trêve.* »

Vous connaissez Baudelaire, Monsieur Plumier ?

FIODOR SCHWEIK, *sournoisement amical.*

– C'est un poète…

ADOLF PLUMIER.

– Mais je le sais bien ! Pourquoi vous moquez-vous de moi ?

GREGOR ILLITCH PÉTROVITCH.

– Comment cela ? Schweik ? Vous vous moquez de Plumier ?

FIODOR SCHWEIK.

– Grands Dieux non !

GREGOR ILLITCH PÉTROVITCH.

– Vous voyez ! Personne ne se moque de vous.

ADOLF PLUMIER.

– Mais pourquoi le train est-il arrêté ?

FIODOR SCHWEIK.

— Monsieur Pétrovitch allait vous l'expliquer mais vous l'interrompez tout le temps !

GREGOR ILLITCH PÉTROVITCH.

— Ah… Ce n'est pas moi qui le dis…

ADOLF PLUMIER.

— Il ne m'expliquait rien du tout ! Il me parlait de bonheur…

GREGOR ILLITCH PÉTROVITCH.

— Je voulais simplement vous dire que le secret du bonheur, c'est de ne pas se poser sans arrêt des questions sur tout…

ADOLF PLUMIER.

— Mais je veux simplement savoir pourquoi…

FIODOR SCHWEIK, *l'imitant.*

— Pourquoi le train est arrêté.

GREGOR ILLITCH PÉTROVITCH.

— Eh bien, le train est arrêté… *(Schweik et Plumier attendent la suite.)* — Parce qu'il ne roule pas !

Entre Youssouf, mains en l'air, suivi par Assia qui le menace de son arme.

Scène XIV - Schweik, Pétrovitch, Plumier, Youssouf, Assia, puis Vlad.

ASSIA.

– Mains en l'air !

Les trois hommes obéissent.

ADOLF PLUMIER.

– Ah vous voyez qu'il se passait quelque chose !

FIODOR SCHWEIK.

– On dirait que ça vous fait plaisir…

GREGOR ILLITCH PÉTROVITCH.

– Il a raison, du moment qu'il se passe quelque chose…

ASSIA.

– Silence !

ADOLF PLUMIER.

– Et du moment que vous êtes ivre…

ASSIA.

– Silence, j'ai dit ! *(Vers la coulisse)* – Montez, vous autres ! *(Plusieurs femmes en armes entrent dans le wagon. À Youssouf.)* Toi, le chien de contrôleur, tu as les clés. Tu vas enfermer ceux-là chacun dans son compartiment. *(À l'une des femmes)* Tu l'accompagnes, au moindre problème tu le tues et tu ramènes les clés. *(Les passagers et Youssouf sortent.) (À ses complices)* Vous voyez mes sœurs comme c'est facile de vaincre ceux qui nous écrasent ?

Ils sont vieux ! Ils sont mous !

LE CHŒUR DES FEMMES.

– Ils sont vieux ! Ils sont mous !

ASSIA.

– Ils sont faibles, ils sont à nous !

LE CHŒUR DES FEMMES.

– Ils sont faibles, ils sont à nous !

ASSIA.

– Rien ne peut nous arrêter car notre cause est juste ! Nous luttons pour notre liberté !

LE CHŒUR DES FEMMES.

– Ils sont vieux ! Ils sont mous !

ASSIA.

– Ce train nous libérera de nos chaînes et de nos poids, et nous montrerons au monde, Qui nous sommes !

LE CHŒUR DES FEMMES.

– Qui nous sommes !

ASSIA.

– Nous les femmes !

LE CHŒUR DES FEMMES.

– Nous les femmes !

ASSIA.

– Les femmes !

LE CHŒUR DES FEMMES.

– Les femmes !

ASSIA.

– Les femmes !

LE CHŒUR DES FEMMES.

– Les femmes !

> *Au moment le plus fort, entre Vlad, les mains en l'air, menacée par une femme en arme.*

> **ASSIA**, *elle considère un moment la tenue de Vlad.*

– Qu'est-ce que c'est que ces singeries ? Qui es-tu ?

VLAD.

– Je suis le maître d'hôtel…

> **ASSIA**, *montrant ses seins.*

– Tu es une femme…

VLAD.

– Aussi.

ASSIA.

– Et tu te déguises en homme pour servir ces dégénérés ! Tu n'as aucune fierté… Ça les excite ?

VLAD.

– Je ne fais que mon travail.

ASSIA.

– Ton travail d'esclave ! Les gens comme toi me dégoûtent ! Toi et les tiens, vous n'avez aucun courage. Au lieu de lutter contre ceux qui vous oppriment, vous les servez, vous leur obéissez, et vous vous nourrissez de leurs restes. Vous êtes pires que des chiens.

Entre Youssouf, suivi par une femme en arme.

ASSIA.

– Alors ?

YOUSSOUF.

– C'est fait… *(à Vlad.)* Elle m'a ordonné de les enfermer.

ASSIA, *elle le frappe.*

– Tais-toi ! Chien ! Serviteur puant des fainéants ! Je ne veux même pas entendre le son de ta voix. *(Elle tourne autour de lui pleine de rage.)* Tu me dégoûtes ! Valet des riches ! Traître ! Tu mérites cent fois la mort ! *(Elle arme son fusil.)* Donne-moi une seule raison de ne pas te tuer tout de suite ! *(Youssouf ne dit rien.)* Parle ! C'est un ordre !

YOUSSOUF.

– Tu viens de me l'interdire…

ASSIA.

– Parle ! Chien galeux qui ne sait rien faire sans ordre ! *(Elle va à Vlad.)* Parle, sinon je l'abats !

YOUSSOUF.

– C'est facile quand on tient le fusil…

ASSIA, *très menaçante, elle vient tout contre lui.*

– Qu'est-ce qu'il me dit le chien ? Il me fait la morale ? Pouah ! Tu pues l'argent de ces immondes pourceaux et tu te permets de me donner des leçons ? Tu es fatigué de vivre ?

YOUSSOUF.

– J'aime la vie, mais j'ai une famille, des enfants. C'est pour eux que j'ai accepté ce travail, pas par amour des riches. Je les déteste autant que toi, et peut-être plus encore !

ASSIA.

– Je ne te crois pas. Je suis sûre que tu les aimes, au fond. *(À Vlad.)* Et toi aussi ! Parce qu'ils vous payent, ils vous donnent des pourboires et vous les remerciez, vous pourriez tous leur baiser les mains. Pour qu'ils vous payent, vous êtes prêts à faire n'importe quoi… Avoue !

YOUSSOUF.

– Je veux bien avouer n'importe quoi… Après tout, c'est toi qui tiens le fusil !

ASSIA.

– C'est vrai. C'est moi qui tiens le fusil et c'est moi qui tiens ta vie entre mes mains. *(Brutalement elle braque son fusil sur la tête de Vlad.)* Dis-moi comment s'appelle ton ami !

VLAD, *affolée.*

– Youssouf ! Il s'appelle Youssouf !

ASSIA, *à Youssouf, menaçante.*

– Youssouf… *(de nouveau elle menace Vlad)* Et toi, le travesti ! Comment t'appelles-tu ?

YOUSSOUF.

– Elle s'appelle Vlad.

ASSIA, *revenant doucement vers Youssouf.*

–… et c'est parce que tu l'aimes que tu joues les héros ? *(Elle s'assied.)* Dis-moi un peu qui il y a dans ce train, « Youssouf ».

YOUSSOUF.

– Des prétentieux et des menteurs.

ASSIA.

– Ça, je le sais ! Dis-moi quelque chose que je ne sais pas !

YOUSSOUF.

– Quelque chose que tu ne sais pas ? Est-ce que celui qui tient le fusil ignore quoi que ce soit ? Tu sais tout, ô grand maître du monde, puisque tu as le droit de vie de mort. Quelle question pourrait trouver grâce à tes yeux ? Il n'y a pas de question dans cette chose-là : que des réponses, et même des réponses très simples : oui ou pan-pan ! Et toi qui tiens le fusil, tu es l'égal de Dieu, c'est toi qui décides qui vit ou qui meurt. Ça doit être extraordinaire ce pouvoir ! Il faut être une créature hors du commun pour décider. Tu es une créature hors du commun, et je te baise les pieds.

ASSIA, *riant à demi.*

– Arrête imbécile ! Dis-moi qui sont les passagers !

YOUSSOUF.

– Ils sont mon gagne-pain, ô grand maître ! Et je t'en demande humblement pardon. Mais je ne veux pas provoquer ta colère ! Voici donc qui se trouve dans ce train : Vlad est le maître d'hôtel. Pauvre femme ! Elle doit s'échiner pendant toute la durée du voyage pour satisfaire les désirs de ces personnages oisifs et suffisants, faute de pouvoir subvenir aux besoins de sa nombreuse famille, son mari alcoolique et violent, ses enfants tuberculeux et sa vieille mère maniaco-dépressive. Je la connais et je lui fais confiance plus qu'à moi-même !

ASSIA.

– Que m'importe le personnel ! Parle-moi des passagers.

YOUSSOUF.

– Ah ! Les passagers… Et bien, il y a tout d'abord le père Cyrille. Un saint homme, et qui communie aussi souvent qu'il le peut et sous les deux apparences ! Il mange comme quatre et boit comme un trou, moyennant quoi il arrivera sans doute avant les autres au paradis. En attendant, il est le plus souvent dans les vignes du Seigneur.

ASSIA, *à Vlad.*

– C'est un train d'ivrognes et c'est toi qui leur verse à boire… *(À Youssouf.)* comment s'appelle celui que tu viens d'emmener ?

YOUSSOUF.

– Vous faites sans doute allusion à Monsieur Pétrovitch.

ASSIA.

– Qui est-ce ?

YOUSSOUF.

– Monsieur Pétrovitch voyage pour affaires.

ASSIA, *à Vlad.*

– C'est vrai ?

VLAD.

– Oui, je crois. En tout cas il a les manières d'un voyageur de commerce. Il boit trop, parle trop fort et regarde les femmes avec insolence.

ASSIA.

– Il t'a regardée ?

VLAD.

– Je ne sais pas, je fais mon métier, et puis… Il a mieux à faire.

YOUSSOUF.

– Monsieur Pétrovitch est… très empressé auprès de madame Dunya.

ASSIA, *à Vlad, en se moquant.*

– Parce qu'elle est plus belle que toi ?

VLAD.

– Elle est très élégante.

ASSIA.

– Pourquoi voyage-t-elle ?

VLAD.

– Et bien… *(Elle jette un coup d'œil à Youssouf.)*

ASSIA, *très brutalement.*

– Eh bien quoi ? Vous croyez pouvoir faire des cachotteries ?

YOUSSOUF.

– Dis-lui ! De toute façon c'est un secret de Polichinelle !

VLAD.

– Madame Dunya va… rejoindre son amant…

ASSIA.

– Quoi ? (Elle rit et s'adresse aux autres.) Vous entendez ça vous autres ? Le grand secret c'est que Monsieur le mari de Dunya est cocu ! La belle affaire ! (Très vite sérieuse et menaçante.) et qu'est-ce que vous voulez que ça me fasse qu'elle couche avec le roi de Prusse ou toute l'armée anglaise ?

Scène XV -

Le train est arrêté depuis longtemps. Il fait froid. Il y a eu une grande discussion, nue dispute entre les membres du groupe. Tout le monde est fatigué. Il règne une obscurité presque totale. Deux ou trois personnes dorment allongées sur les sièges.

UNE VOIX AU-DEHORS, *projetée par un haut-parleur comme ceux qu'on utilise dans les manifs.*

– Pasageri pe tren ! Reuniunea ! Rezistenţă este inutilă !

LE PÈRE CYRILLE.

– Hein ? Quoi ?

UNE AUTRE VOIX AU-DEHORS.

– Passagers du train ! Rendez-vous ! Toute résistance est inutile !

ADOLF PLUMIER.

– C'est l'armée ! Nous sommes sauvés !

LE PÈRE CYRILLE.

– L'armée ? Nous sommes perdus !

GREGOR ILLITCH PÉTROVITCH.

– Il faut résister sinon ils vont tous nous tuer !

ADOLF PLUMIER.

– Mais vous êtes fou ! Si nous résistons, ils vont tous nous tuer !

DUNYA VASSILIOVA.

– Bah ! Mourir pour mourir, autant le faire avec panache !

FIODOR SCHWEIK.

– Avec panache ! Voyez-vous ça ! Mais de quoi parlez-vous chère madame ? Vous vous croyez dans un roman ? Ce que vous entendez au dehors, ce sont des fusils automatiques tenus par des fous sanguinaires. Qu'est-ce que vous allez leur opposer ? Vos charmes ?

DUNYA VASSILIOVA.

– Et pourquoi pas ? Mes charmes, comme vous dites, valent bien votre lâcheté ! Vous n'avez peut-être rien à défendre, mais moi j'estime que ma vie en vaut la peine !

LE PÈRE CYRILLE.

– Eh bien vous n'êtes pas très exigeante ma fille ! Une vie de perdition, de courtisane, de…

GREGOR ILLITCH PÉTROVITCH, *il revient avec sa grosse valise.*

– Taisez-vous ! Ce n'est pas le moment ! J'ai des armes là-dedans ! Défendons-nous !

YOUSSOUF, *assez froidement.*

– Là, c'est sûr, ils vont tous nous tuer ! *(Tous le regardent, perplexes. Il s'approche de Pétrovitch.)* Je suis le contrôleur de ce train. Je dois défendre les passagers, c'est ma mission. Donnez-moi une arme !

Pétrovitch lui donne un fusil.

VLAD, *s'approche de Youssouf.*

– Pardonne-moi, mon frère, je te prenais pour un lâche. Je croyais que tout ton courage était dans ta casquette et dans ton uniforme.

YOUSSOUF.

– Tu n'avais pas tort… ne crois pas trop à ce que tu vois. Il n'y a que des menteurs ici, et moi, j'en suis un aussi.

> *La lumière se rallume brièvement et par éclairs successifs. On entend du bruit au-dehors, des rafales d'armes automatiques. La lumière s'éteint complètement.*

ESTHER PLUMIER, *rendue hors d'elle à force de frayeur.*

– Qu'est-ce qu'il se passe ? Mais qu'est-ce qu'il se passe ?

ADOLF PLUMIER, *tout aussi effrayé.*

– Mais tais-toi donc idiote ! Tu le vois bien ce qui se passe ! Nous allons mourir !

DUNYA VASSILIOVA.

– Et à quoi sert de la traiter d'idiote ? Vous devriez essayer autre chose pour vous donner du courage !

ADOLF PLUMIER, *exaspéré par la peur.*

– Je la traite d'idiote, parce que, parce que… parce que c'en est une, une imbécile et qu'elle va tous nous faire tuer !

FIODOR SCHWEIK.

– Du calme cher monsieur, c'est tout de même de votre épouse que vous parlez !

ADOLF PLUMIER.

– Mon épouse ! Et alors ? En quoi ça vous concerne ? C'est mon épouse comme vous dites, eh bien j'en fais ce que je veux !

Esther Plumier s'approche de Plumier et le gifle.

ESTHER PLUMIER.

– Ordure ! *(Elle se tourne vers Pétrovitch.)* Donnez-moi une arme !

Pétrovitch lui donne un revolver.

ADOLF PLUMIER, *humblement.*

– Mais Bibiche ! Tu ne sais pas t'en servir !

ESTHER PLUMIER.

– Eh bien Bibiche apprendra ! Parce que Bibiche, elle, elle est capable d'apprendre ! Et Bibiche elle commence à avoir très envie de tirer sur quelque chose… *(Elle tourne le canon vers Plumier.)* ou sur quelqu'un !

On entend encore du bruit au-dehors. L'ensemble du groupe est comme ébranlé par un choc. On entend des rafales d'armes automatiques. Tous se mettent à l'abri comme ils peuvent.

À partir de ce moment, on entend de façon continue et de plus en plus puissante, le bruit du train qui roule de plus en plus vite.

DUNYA VASSILIOVA.

– Le train roule ! Regardez, on roule !

LE PÈRE CYRILLE.

– Ouais… On repart en arrière !

> *Une bande d'hommes en arme traverse le wagon en courant.*
> *Ils s'embusquent à une fenêtre et tirent. L'un d'eux est blessé.*
> *Dimitri est entré avec eux. Quand les armes se taisent, il parle.*

DIMITRI.

– J'ai détaché les wagons !

TOUS LES AUTRES.

– Quoi ?

DIMITRI.

– J'ai détaché les wagons et j'ai saboté la loco ! Ils ne pourront pas nous poursuivre !

GREGOR ILLITCH PÉTROVITCH, *part d'un grand rire.*

– Bien joué mon ami ! Au moins, nous ne mourrons pas sous les balles de ces abrutis !

FIODOR SCHWEIK.

– Nous mourrons écrasés au fond d'un ravin… C'est beaucoup mieux effectivement !

> *Un homme en arme vient se placer au centre du groupe.*

L'HOMME EN ARME.

– Où est Omar ?

ADOLF PLUMIER.

– Ah non ! Ça ne va pas recommencer !

L'HOMME EN ARME, *à Plumier.*

– C'est toi ?

ESTHER PLUMIER, *très méprisante, agitant son revolver dans tous les sens.*

– Omar ça ? Vous rigolez ! « Ça », c'est « Chouchou », le bichon à sa « Bibiche » !

ADOLF PLUMIER.

– Bibiche !

ESTHER PLUMIER, *à l'homme en arme.*

– Vous voyez ?

L'HOMME EN ARME.

– Alors, où est Omar ?

FIODOR SCHWEIK.

– Excellente question, cher ami ! Mais nous n'en avons pas la moindre idée.

L'HOMME EN ARME, *à Youssouf, menaçant.*

– Toi, chien de contrôleur ! Tu vas me dire où il est ?

YOUSSOUF, *agitant son arme.*

– Je ne suis plus un chien de contrôleur ! Je ne suis plus un contrôleur ! Je ne suis plus un chien ! Ce combat a fait de moi un homme libre ! *(Il pose son arme et ouvre sa chemise.)* Tue-moi si tu veux, tu auras la mort d'un homme libre sur la conscience !

Il y a un moment de grande tension.

GREGOR ILLITCH PÉTROVITCH, *à l'homme en arme.*

– Pourquoi voulez-vous donc qu'Omar soit ici, parmi nous ?

L'HOMME EN ARME.

– Nous avons attaqué ce train parce qu'Omar est dedans. Nous le savons !

GREGOR ILLITCH PÉTROVITCH.

– Mais qui vous l'a dit ?

L'HOMME EN ARME.

– Nous le savons et nous n'avons pas à expliquer pourquoi à un chien de passager !

ADOLF PLUMIER.

– Mais enfin ! Le train roule ! Faites quelque chose !

ESTHER PLUMIER.

– Mais tais-toi donc imbécile ! Le train roule, et alors ! La belle affaire ! Tu voudrais qu'il vole ?

Scène XVI -

À partir de ce moment il y a une succession très rapide des scènes à l'intérieur du train alternées avec des séquences du rapport des généraux.

La bande-son est un bruit de roulement d'un train toujours accéléré.

GÉNÉRAL HEINZ.

– Général Heinz au rapport mon super-général. Nos troupes ont vaillamment interpellé le train dont au sujet duquel qu'on l'a arrêté mon super-général. Et voici mon rapport dont au sujet que comment on a fait.

Retour au train.

ADOLF PLUMIER.

– Le train roule de plus en plus vite ! Or, il y avait des heures qu'il montait lorsque nous nous sommes arrêtés. Il descend le long d'une pente interminable et je vais mourir… Je vais mourir ! En pleine vie ! Je vais mourir alors que j'espérais devenir riche, alors que j'allais connaître l'amour, alors que je commençais à penser que peut-être, un jour, il y aurait le début d'une possibilité pour que je puisse espérer être, sinon heureux, du moins satisfait sur quelques points de mon existence…

L'HOMME EN ARME.

– Tais-toi ! Tu nous fatigues !

Retour au rapport des généraux.

GÉNÉRAL HEINZ.

— Subséquemment qu'on avait positionné une embuscade au col de Klutz rapport à la présence dans le susnommé train du susnommé Omar à propos qu'il aurait été à l'intérieur dedans.

Retour au train.

LE PÈRE CYRILLE.

— Nous allons mourir mes bien chers frères, mais rassurez-vous, je suis là, et je vais mourir aussi… *(Il éclate d'un rire méchant.)* Ah ah ah ! Qu'est-ce que vous croyez ? Que les curés ça fait des miracles comme ça hop ! Que ça sort des lapins de son chapeau ou peut-être que ça envoie des archanges pour vous sauver ? Et pourquoi vous voudriez qu'on vous sauve ? Qu'est-ce que vous valez au fond ? Vous êtes déjà morts de peur. Le reste, c'est une formalité ! Priez si vous voulez. Je n'y crois pas. Je ne suis pas curé. Je suis un bagnard évadé. J'ai tué trop de gens pour que la mort me fasse peur.

Retour au rapport des généraux.

GÉNÉRAL HEINZ.

— Or donc, contrairement à nos attentes, le train laissait à désirer… je veux dire qu'il n'arrivait pas. On attendait et on attendait et on attendait et pfouit ! Pas de train !

Retour au train.

DUNYA VASSILIOVA.

— Perdu pour perdu, et puisqu'il n'y a plus aucun espoir, amusons-nous mes amis ! Il nous reste encore quelques minutes à vivre, il ne sert à rien d'être triste ! Je quitterai ce monde avec des regrets sans doute, mais je dois dire que j'ai aussi bien vécu ! Je me suis bien amusée. J'ai volé plus de gens que vous ne pouvez en compter. C'est mon métier. Je suis une voleuse ! Je suis la reine des voleuses ! J'ai volé des ministres, des présidents, des bourgeois, des hommes d'affaires. J'ai volé le brave Schweik ! Je peux bien lui dire maintenant que nous allons tous mourir ! Je t'ai volé brave Schweik ! Et je sais tous les misérables secrets de ton misérable portefeuille… pas grand-chose d'intéressant si ce n'est que maintenant, je sais qui tu es. Alors, brave Schweik, nous le diras-tu toi-même ou bien devrais-je le faire ?

Retour au rapport des généraux.

GÉNÉRAL HEINZ.

– Et puis au moment où on s'y attendait plus, on avait même commencé à démonter tout pour repartir, v'là t'y pas qu'il arrive… le train. Peinard, comme si de rien n'était, on le voit qui monte qui monte, comme la bébête, katang-katang, katang-katang, et pis qui s'arrête à la gare de Klutz.

Retour au train.

FIODOR SCHWEIK.

– Moi, je ne suis qu'un honnête homme qui voyage pour ses affaires. Non ? Vous ne me croyez pas ? Vous avez raison. Heu. Je suis… je travaille pour la police. Non… en fait, je suis le chef de la police. Je suis monté dans ce train pour démasquer une voleuse qui détrousse les voyageurs depuis des années sur les lignes du transsibérien. On la connaît sous plusieurs noms, Sonia

Miller, Natacha Perché, Josiane Madame ou… Dunya Vassiliova. Mais j'ai échoué, et c'est elle qui m'a démasqué. Mais tout cela est sans importance puisque nous sommes maintenant tous au bout du chemin. Je n'en suis pas fâché d'ailleurs. J'en avais assez de traquer toujours mes contemporains. Un peu de sincérité ne me fera pas de mal. Mais est-ce qu'on est vraiment sincère dans la mort ?

Retour au rapport des généraux.

GÉNÉRAL HEINZ.

— Alors on a vite, vite repris nos positions. Quand le train s'est arrêté, nous avons fait descendre le conducteur, j'ai pris le mégaphone et, de ma plus belle voix j'ai fait *(On entend la même voix que tout à l'heure.)*

VOIX AU-DEHORS

– *Pasageri pe tren ! Reuniunea ! Rezistenţă este inutilă ! (Il salue à droite et à gauche, très satisfait de lui-même.)* Oui, je sais, je le fais très bien, oui… oui…

Retour au train.

DIMITRI.

– Moi, j'ai détaché les wagons parce que je ne veux plus de cette vie de rat ! Je n'en peux plus ! J'en ai assez de travailler pour un salaire de misère à faire voyager des gros pleins de soupe, des gens qui ne me regardent même pas et qui n'ont aucune idée de la réalité de ma vie. Je sais que le train va s'écraser au fond de la vallée. Là-bas, il y a un torrent tout gonflé par les eaux de la fonte des neiges. Si le train tombe dedans, nous serons broyés contre les rochers, compactés, mixés tous ensemble, comme si nous étions tous de la même sorte, de la même race, de la même famille… Nous formerons une seule bouillie, pour toujours mélangés !

Retour au rapport des généraux.

GÉNÉRAL HEINZ.

– Mais à ce moment, le conducteur du train est allé faire quelque chose derrière la locomotive, et, avant que nous ayons pu faire quoi que ce soit, le train repartait dans l'autre sens, les wagons glissaient vers le fond de la vallée.

Retour au train.

L'HOMME EN ARME.

– Moi, ça m'est égal de mourir, mais quand même, avant, j'aurais bien aimé voir Omar. Vous êtes sûrs qu'il n'est pas dans ce train ? Omar, c'est le héros pour lequel je veux bien offrir ma vie. J'aurais bien voulu le rencontrer. Si j'avais vu Omar, c'est toute ma vie qui aurait un sens !

Retour au rapport des généraux.

GÉNÉRAL HEINZ.

– Quand nous avons réalisé ce qui se passait, nous avons un peu couru derrière les wagons, mais ça ne servait à rien.

Retour au train.

VLAD.

– Moi je crois qu'Omar n'existe pas. C'est une légende, rien qu'une légende. Les gens ont inventé Omar pour se rassurer, comme ils ont inventé Superman ou le Grand Saint Nicolas. Mais je crois qu'en réalité, il n'y a personne, Omar n'est qu'un rêve.

Retour au rapport des généraux.

GÉNÉRAL HEINZ.

– Alors nous avons arrêté de courir, et nous avons regardé le train disparaître au loin, vers la vallée. De toute façon, c'est sûr qu'Omar était dedans et qu'ils vont tous mourir…

Retour au train.

YOUSSOUF.

– Moi, je dis qu'Omar existe si nous le voulons. Même si c'est un rêve, je préfère croire qu'il existe, et même, puisqu'il nous reste peu de temps à vivre, je déclare qu'Omar, c'est moi. Acclamez Omar ! Il est parmi vous !

Retour au rapport des généraux.

GÉNÉRAL ZWEIG.

– Général Zweig. Je suis allé en reconnaissance à l'endroit où le train a quitté la voie. C'est un endroit difficile d'accès, juste au-dessus d'une gorge où coule un torrent.

Retour au train.

VLAD.

– Youssouf tu es un héros ! Tu mérites d'être Omar !
Vive Omar Youssouf ! Et moi aussi je veux être Omar !
Après tout, qui a dit qu'Omar n'était pas une femme ?
Je suis Omar ! Acclamez Omar ! Elle est parmi vous !

Retour au rapport des généraux.

GÉNÉRAL ZWEIG.

– Nous avons vu les rails brisés, une trace dans le
ballast, des rayures dans les rochers, mais nous n'avons
vu aucun débris…

Retour au train.

ESTHER PLUMIER.

– Si Omar est une femme, ça peut-être moi aussi !
Omar, c'est moi ! Acclamez Omar ! Regardez son vrai
visage !

Retour au rapport des généraux.

GÉNÉRAL ZWEIG.

– De toute façon, à cet endroit, le torrent est énorme, ils
ont été emportés, ça ne fait aucun doute. Ils sont tous
morts et Omar est mort aussi.

Retour au train.

ADOLF PLUMIER.

– Moi aussi Bibiche ! Regarde ! Moi aussi je suis Omar !
Regarde Bibiche !

Retour au rapport des généraux.

GÉNÉRAL ZWEIG.

– Pourtant, dans la vallée, les gens racontent que ça n'est pas vrai, qu'Omar n'était pas dans le train…

Retour au train.

GREGOR ILLITCH PÉTROVITCH.

– Moi aussi, Ah ah ah ! Moi aussi je suis Omar !

Retour au rapport des généraux.

GÉNÉRAL ZWEIG.

– Ils disent qu'Omar est vivant, qu'il est là parmi eux, ils disent tous qu'ils l'ont vu !

Retour au train.

L'HOMME EN ARME.

– Omar ne mourra jamais !

Le son s'accélère et augmente pour se terminer dans une apothéose vague mêlant un grand fracas et un accord plein et profond.

Fin

DEUX FEMMES

COMÉDIE

Pierre LAUNAY

TABLE

PERSONNAGES

Mathilde Z. Carlin, avocate

Andréa Pinson, journaliste

La scène est à Paris, dans une garçonnière du quartier du Marais.

Deux portes côté cour, une porte et une fenêtre côté jardin, un gros canapé recouvert d'une peau de zèbre et dans le plus pur style baisodrome. Dans un coin, une table et une chaise. Un bar kitch.

Plié contre une paroi, côté jardin, un paravent de mauvais goût, si possible porteur d'une allégorie lourdement graveleuse. Toujours côté jardin, une psyché qu'on ne voit pas.

Deux Femmes *a été créé le 19 octobre 2013 au Théâtre de l'Échange à Annecy.*

Intermède.

Mathilde est installée et travaille.

VOIX OFF.

– Avant, je ne savais pas que j'avais le droit de regarder, de désirer.

Scène I.

ANDRÉA, *entre en regardant autour d'elle.*

– C'est là ? *(Elle voit Mathilde.)* Salut ! *(Elles s'embrassent.)* Tu me fais visiter ?

MATHILDE.

– Si tu veux… ! Je ne l'ai jamais vu ce studio tu sais…

ANDRÉA.

– Oh ? Tu l'as loué comme ça…

MATHILDE.

– C'est un ami qui me l'a proposé mais il fallait dire oui tout de suite, alors… (Elle prend le seau à glace sur un guéridon.) On boit un coup !

ANDRÉA.

– En quel honneur ?

MATHILDE.

– J'arrose la pension alimentaire que j'ai obtenue pour ma cliente ! Lebois-Dormant va cracher trois mille Euros par mois et une indemnité compensatoire de six cent mille Euros ! Un record ! Je suis le cauchemar des maris !

ANDRÉA, *ouvrant la bouteille et remplissant deux coupes.*

– Une vraie garce oui ! *(Elle regarde tout autour d'elle.)* Et dis donc, le gars qui t'a loué l'appart', tu le connais bien ?

MATHILDE, *rigolant.*

– Jo ? Oh oui ! C'est un vieux dégueulasse ! Adorable hein mais bon… ! Il a acheté cet appartement pour sauter ses bonnes fortunes… Maintenant il le loue parce qu'il ne bande plus.

ANDRÉA, *riant aussi.*

– Mais c'est affreux !

MATHILDE.

– Quoi donc ? Qu'il soit venu ici pour baiser ou qu'il ne puisse plus ?

ANDRÉA, *regarde autour d'elle.*

– Il ne l'a pas vidé ?

MATHILDE.

– Il n'a pas le cœur à ça.

> *Elle va chercher une bouteille de champagne.*

MATHILDE, *levant son verre.*

– À la santé de la vraie garce !

ANDRÉA.

– Santé !

> *Elles boivent leurs coupes d'un trait. Mathilde les remplit aussitôt.*

MATHILDE.

– Tu es une sacrée hypocrite !

ANDRÉA, *soufflée.*

– Moi ? Comment ça ?

MATHILDE.

– Comment ça, comment ça… ? La déchéance de Lebois-Dormant, C'est ton œuvre non ?

ANDRÉA, *dans une dénégation comique.*

– Ooof, pas tant que ça…

MATHILDE.

– Ce sont tes articles qui ont tout révélé ! L'attribution du HLM au beau-frère de Lebois-Dormant, la vente de l'hippodrome de Ploudalmézeau quand il était au ministère des algues et du temps mort…

ANDRÉA, *faussement honteuse.*

– Ben quoi… C'est mon boulot non ? *(Elle lève son verre.)* À la santé des algues et du temps mort !

Elles boivent de nouveau cul sec leurs coupes

Mathilde les remplit aussitôt.

MATHILDE, *aspergeant Andréa de quelques gouttes de champagne.*

– Sœur Andréa, je te proclame membre active de la congrégation des garces hypocrites !

ANDRÉA, *les yeux au ciel et la main sur le cœur.*

– Amen, Inch'Allah et à tes souhaits, Mère Mathilde !

MATHILDE.

– Comment ça « Mère Mathilde » ?

ANDRÉA.

– C'est toi la plus vieille.

MATHILDE.

– J'ai trois mois de plus que toi, saleté !

ANDRÉA.

– Oh, oh, oh… Un peu de respect pour la membre active !

MATHILDE.

– Santé !

ANDRÉA.

– Santé !

> *Elles sifflent leurs verres cul sec.*

MATHILDE.

– Et Galbouzin ! Quand est-ce qu'on attaque ?

ANDRÉA.

– Pas ce soir !

MATHILDE.

– Tu es paf ?

ANDRÉA.

– Alors là ! C'est mal me connaître ma cocotte ! Je suis on ne peut plus claire ! Je peux te résumer le cas Galbouzin en deux coups de cuillère à pot.

MATHILDE.

– J'écoute !

ANDRÉA.

– Après deux ans de mariage, Carlérie veut regagner sa liberté en faisant cracher au bassinet « Galbouzin l'insignifiant ». Avisant dans la presse le remarquable travail d'Andréa Pinson, votre serviteuse…

MATHILDE.

– Serviteuse ?

ANDRÉA.

– Ben, « votre serveuse » ça le fait pas…

MATHILDE.

– Servante… ?

ANDRÉA.

– Bon ! C'est moi qui raconte ! Donc… Avisant dans la presse le remarquable travail d'Andréa Pinson elle-même sur les turpitudes de son insignifiant cornichon…

MATHILDE.

– Et considérant la remarquable performance de Maître Mathilde Carlin elle-même dans le divorce de Lebois-Dormant…

ANDRÉA.

– Carlérie les a appelées pour lessiver le Galbouzin. Comme l'union fait la force, Mathilde et Andréa ont loué ce ravissant studio pour y échanger leurs infos, au mépris des lois et des usages.

MATHILDE.

– Bravo ! Bien parlé ! Remettez-nous ça, membre active !

ANDRÉA, *ouvrant une autre bouteille et resservant.*

– En même temps, si tu ne m'appelles pas comme ça dans le monde… *(Elles trinquent.)* Tchin !

MATHILDE.

– Tchin ! *(Elles boivent.)* Ça ne te plaît pas « membre active » ?

ANDRÉA.

– Franchement non. Et puis « membre », c'est masculin.

MATHILDE.

– On le saura !

ANDRÉA.

– Et ce n'est pas très beau… Comme mot, je veux dire.

MATHILDE, *imaginant.*

– Comme objet… Ça dépend.

ANDRÉA, *dans la même imagination.*

– Si c'était aussi beau qu'ils en sont fiers, ça se saurait !

MATHILDE.

– La beauté du truc, ils s'en foutent !

ANDRÉA.

– Oui… À leur avis ça ne sert à rien de lui coller, du maquillage…

MATHILDE.

– Des nattes…

ANDRÉA.

– De la dentelle…

MATHILDE.

– Des bijoux…

ANDRÉA.

– Du parfum…

MATHILDE, *rêveuse.*

– Mm…

Elles boivent en silence.

ANDRÉA

– À quoi tu penses ?

MATHILDE.

– À rien… Et toi ?

ANDRÉA.

– Pareil… De toute façon, « membre active » ça n'a pas de sens.

MATHILDE.

— Tu préfères « moule passive » ?

ANDRÉA, *riant.*

— Pour les mecs, c'est un pléonasme !

MATHILDE.

— Ça a de la gueule non ? « Je vous présente Andréa, moule passive de notre association… »

ANDRÉA.

— Excellent ! Et d'un goût exquis !

MATHILDE.

— Merci, merci.

ANDRÉA.

— C'est par où le pipi-room ?

MATHILDE.

— Par là, non ?

Andréa sort à droite.

ANDRÉA.

— Ah… La porte ne ferme pas !

MATHILDE.

— Alors j'entendrai tout ! Mais je ne dirai rien…

Pendant qu'elle n'est pas là Mathilde furète à la découverte de la pièce.

ANDRÉA, *depuis les toilettes.*

– Wahou ! Qu'est-ce que c'est que ça ?

MATHILDE, *qui n'entend pas.*

– Qu'est-ce que tu dis ?

ANDRÉA, *qui n'entend pas.*

– Quoi ?

MATHILDE, *consultant son téléphone.*

– Ah, la vache ! *(Vaguement en direction des toilettes.)* Lebois-Dormant a essayé de se suicider !

ANDRÉA, *qui n'entend pas.*

– Qu'est-ce que tu dis ?

MATHILDE.

– Tu es sourde ou quoi ?

ANDRÉA, *depuis les toilettes.*

– Attends, j'ai fini !

MATHILDE.

– C'est pas trop tôt !

ANDRÉA, *rentrant dans la pièce.*

– Tu as vu les toilettes ?

MATHILDE.

– D'ici je vois la porte, pourquoi ?

ANDRÉA.

– Non, mais dedans ! La déco ! C'est que des photos de cul !

MATHILDE.

– Oh ?

ANDRÉA.

– Imagine la tête des filles qui venaient ici en tout bien tout honneur…

MATHILDE.

– Parce que toi, quand tu rentres dans une garçonnière, c'est en tout bien tout honneur… !

ANDRÉA.

– Qu'est ce que tu disais tout à l'heure ?

MATHILDE.

– Le Bois-Dormant a essayé de se suicider !

ANDRÉA.

– Pour un divorce ? C'est du cinéma !

MATHILDE.

– Quand même, je voyais le bonhomme moins…

ANDRÉA, *un peu paf.*

– Plus courageux ? Pff… Non, je rigole !

MATHILDE, *gagnée par le même fou rire.*

– Tu as raison ! Courageux… Et pourquoi pas sincère pendant qu'on y est… !

ANDRÉA.

– Altruiste !

MATHILDE.

– Sensible !

ANDRÉA.

– Attentif !

Fou rire des deux.

MATHILDE, *dans une tentative pour rester sérieuse.*

– Bon, il va falloir s'organiser.

ANDRÉA, *n'en tenant aucun compte.*

– Tolérant ! Euh… Patient ! Euh…

MATHILDE, *qui s'impatiente un peu.*

– Ouais, bon…

ANDRÉA, *qui ne se rend pas compte.*

– Et, euh… Comment on dit déjà, quand on ne ment jamais ?

MATHILDE, *froide.*

– Sincère. Mais on l'a déjà dit.

ANDRÉA, *se remettant.*

– Ah ouais, c'est vrai ! Pouh ! Ça fait du bien hein !

MATHILDE, *sérieuse.*

– Andréa…

ANDRÉA.

– Oui ?

MATHILDE.

– Tu sais… Les mecs, moi je ne les déteste pas…

ANDRÉA.

– Ben dis donc, avec ce que tu leur mets !

MATHILDE, *avec une élocution rendue un peu laborieuse*

– Oui, mais je n'ai rien contre eux.

ANDRÉA.

– Moi non plus mais ils m'agacent avec leur façon de mesurer le monde avec leur zigounette !

MATHILDE.

– Ah ça… La zigounette… Ça tient de la place !

ANDRÉA.

– Il faut pas se laisser faire ! Ce sont des brutes !

MATHILDE.

– OK, OK… Tu as raison. On ne se laissera pas faire. De toute façon, c'est pour ça qu'on est là non ?

ANDRÉA.

– Ouais, t'as raison ! Ça s'arrose !

MATHILDE.

– Ouais, ça s'arrose ! Tu as raison !

ANDRÉA.

– J'ai toujours raison… ! Mais la raison m'emmerde ! *(Elle lève son verre.)* Et dans ce lieu de perdition, je veux la perdre, avec… *(Elle bute sur les mots.)* Opiniâtreté !

MATHILDE, *levant son verre à son tour.*

– À l'opiniâtreté !

ANDRÉA.

– Toi-même !

Intermède.

On les voit toutes les deux ranger, déplacer des affaires, des meubles, s'affairer en tous sens en buvant de temps de temps.

VOIX OFF.

— Avant, je ne regardais pas.

Je ne désirais pas.

Je croyais que mon destin était d'attendre

Le désir de l'autre.

Que seuls les hommes

Pouvaient désirer.

Que je pouvais être désirable,

Mais que je ne pouvais pas

Souhaiter l'être.

Il fallait

Que

Je sois

Désirée,

Mais

Comme par hasard

Ou par fatalité,

Comme par un choix mystique,

Divin,

Supérieur à moi-même.

J'étais en quelque sorte
Subordonnée au désir.
Je ne pouvais pas le conduire.

Scène II.

Andréa est à son ordinateur. Elle tape en discutant avec un interlocuteur en ligne.

ANDRÉA, *à son correspondant.*

– Non, non, cette fois-ci je me le fais ! Y'en a marre de ses conneries ! Depuis l'arrivée de son gouvernement, les femmes ont perdu la moitié de ce qu'elles avaient gagné… *(Elle écoute.)* Oui, parfaitement ! Et c'est pas ses déclarations à deux balles au journal de vingt heures… *(Elle écoute.)* Oui, tout à fait… Alors…

Mathilde entre en coup de vent.

MATHILDE, *à la cantonade.*

– C'est moi que v'là ! *(Andréa lui fait signe de se taire d'un geste impatient.)* Oh ! Pardon…

ANDRÉA, *toujours à son correspondant.*

– Bon, écoute Chou, on se rappelle tout à l'heure. Là, je vais à Beaubourg au vernissage de Zen… Mais si ! Zen ! Tu sais bien ! Le gars qui écrit des trucs débiles sur les trousses des écolières. Là c'est sur des chapeaux de plage. L'expo s'appelle *(Elle cherche dans les papiers sur la table, elle lit.)* "Zen expose son Bob" Ben quoi ? C'est dans une heure et j'aimerais avoir le temps de manger un morceau, alors biz, biz, à tout' !

Elle raccroche.

MATHILDE.

– Salut, ô mon dernier matin !

ANDRÉA.

– Salut, ô t'as vu l'heure qu'il est !

MATHILDE, *l'embrassant.*

– J'ai une excuse : j'ai la gueule de bois…

ANDRÉA.

– Pour quatre petites bouteilles de champagne de rien du tout ?

MATHILDE.

– Ouais, ouais, c'est ça… J'en connais une qu'était pas fraîche, hier soir…

ANDRÉA.

– Ah bon ? Qui ça ?

MATHILDE.

– Une certaine Andréa qui racontait… Henri dit « Broute Minou ».

ANDRÉA.

– Non ! J'ai…

MATHILDE, *cruelle.*

– Tu as ! Et avec un luxe de détails… !

ANDRÉA.

– Non !

MATHILDE.

– Si !

ANDRÉA, *tentant de rester détachée.*

− J'ai fait ça…

MATHILDE.

− Tu l'as fait !

ANDRÉA.

− Et… Qu'est-ce que j'ai dit ?

MATHILDE.

− Tout… !

ANDRÉA.

− Mais quoi à la fin… ?

MATHILDE.

− Et bien, qu'il excelle dans cette spécialité et que tu…

ANDRÉA, *l'interrompant.*

− Tais-toi !

MATHILDE.

− Faudrait savoir…

ANDRÉA.

− J'ai honte !

MATHILDE, *sadique.*

− Tu peux ! Tu étais saoule comme une grive et tu t'es endormie comme un plomb. Je n'ai même pas eu le temps de te raconter mes propres turpitudes.

ANDRÉA.

– Oh… Désolée.

MATHILDE, *en riant.*

– Boh, tu as sans doute échappé à un inventaire… lassant.

ANDRÉA.

– C'est gentil… Mais quand même…

MATHILDE.

– Eh ! Dis donc ! Où je m'installe, moi, pour bosser ?

ANDRÉA.

– Ben… Là… *(Elle rassemble sommairement ses affaires.)* En même temps, on n'a pas une place d'enfer ici. *(Désignant les affaires de Mathilde.)* Du nouveau ?

MATHILDE.

– Du boulot…

ANDRÉA.

– Tu veux du thé ?

MATHILDE.

– Du thé ? Beurk… Un café c'est possible ?

ANDRÉA.

– Ça… Je ne sais pas trop. Il y a tout ce qu'on veut dans les tiroirs, des capotes, des menottes, une poire à lavement, trois bites en caoutchouc, et sans doute un raton laveur, mais pour faire du café…

MATHILDE.

– Des bites en caoutchouc ?

ANDRÉA.

– Une noire, une rouge, une verte dans trois tailles différentes ! C'est dans le tiroir du haut si tu veux. Moi perso, le matin comme ça…

MATHILDE.

– Ça le travaillait le Jo !

ANDRÉA.

– Faut croire… Ça rend tous les objets… Suspects ! Les pinces à linge, le tire-bouchon, la tourniquette à vinaigrette…

MATHILDE.

– Le tire-bouchon, je ne vois pas…

ANDRÉA.

– Peut-être pour ouvrir des bouteilles ?

MATHILDE.

– Ah oui ! Je suis bête !

ANDRÉA.

– Bon… Donc pas de café… Alors, du thé ?

MATHILDE.

– Plutôt mourir !

ANDRÉA.

– Eh bien meurs !

Intermède.

VOIX OFF.

Avant, je n'étais qu'une femme, c'est-à-dire que je n'étais pas une femme,

Je n'étais rien, seulement quelque chose qu'un autre pouvait éveiller, Ou une autre d'ailleurs, ça n'avait pas tellement d'importance, dans la mesure où ça restait dans le domaine du théorique.

Avant, il n'y avait qu'une seule forme de désir : celui dont je ne pouvais pas parler,

Alors, je ne le pensais pas non plus, c'était plus simple,

Ça restait dans l'enfance, avec les choses qu'il ne faut pas faire,

Comme manger ses crottes de nez, lécher des vers de terre, renifler des choses louches, sentir mauvais de la bouche, goûter ses règles, sentir ses doigts en sortant des cabinets, puer des dessous-de-bras.

Scène III.

La garçonnière dans la pénombre. Beaucoup de désordre, des verres sales, des bouteilles, des cendriers pleins, des vêtements.

La porte d'entrée est entrebâillée et de la lumière du palier passe par l'ouverture, traversant la pièce d'un rayon oblique.

Le paravent est déployé. Il y pend des habits laissant comprendre qu'on s'est déshabillé derrière. Andréa dort dans le canapé.

On entend quelqu'un qui descend lourdement les escaliers.

Après un temps, Mathilde, inquiète et surveillant d'un œil ce qui se passe dans l'escalier, pousse la porte et entre, apeurée.

MATHILDE, *entrant, d'une voix inquiète.*

– Andréa ?

ANDRÉA, *depuis le canapé, dormant plus qu'à moitié.*

– Mm ?

MATHILDE.

– Andréa, c'est toi ?

ANDRÉA.

– Ben oui c'est moi, qui tu veux… ?

MATHILDE, *entrant et allumant la lumière.*

– Oh là là ! J'ai eu peur ! Je viens de croiser un type louche dans l'escalier, la porte n'était pas fermée et en voyant ce bordel… J'ai cru qu'on avait été cambriolées !

ANDRÉA, *assise dans le canapé, plissant les yeux à cause de la lumière soudaine, regardant autour d'elle.*

— Du bordel ? Tu trouves ?

MATHILDE.

— Tu as dormi là ?

ANDRÉA.

— Boh, dormi, c'est beaucoup dire !

    Elle se lève tenant un drap devant elle pour gagner le paravent derrière lequel elle entreprend de s'habiller.

MATHILDE.

— Mais, dis donc… Le mec pas frais, dans l'escalier… Je le connais !

ANDRÉA.

— C'est fort possible…

MATHILDE, *estomaquée.*

— C'est… Tu t'es tapé Richard Alfombra !

ANDRÉA.

— Confucius a dit « La meilleure manière de tuer ton ennemi, c'est d'être généreux avec lui. »

MATHILDE.

— Mais enfin, Richard Alfombra de la Fierté des Mâles Incontrôlables… Tu te rends compte ?

ANDRÉA, *l'air évaporé.*

– Ah ? C'était lui ?

Sortant de derrière le paravent en T-shirt et en culotte enfilant un peignoir d'un goût plus que douteux.

Tu as vu ce que j'ai trouvé dans la penderie ? Comment tu trouves ?

MATHILDE, *faisant la grimace.*

– Beuh !

ANDRÉA, *redevenant sérieuse.*

– Franchement Mathilde, tu croyais qu'il était entré par hasard ? J'avais besoin d'infos sur la FMI je suis allée les prendre à la source, il n'y a pas de quoi en faire, euh… des gorges profondes !

MATHILDE.

– On dit des gorges chaudes… ! Et… c'était comment ?

ANDRÉA.

– Interminable et chiant avec, à la fin, un beuglement néandertalien… *(Elle imite le beuglement.)* On aurait dit un de ses discours, la transpiration en plus.

MATHILDE, *riant.*

– Néandertalien ! Tu t'emmerdais à ce point ?

ANDRÉA.

– Toujours, quand je baise utile ! C'est ma manière à moi de ne pas passer tout à fait pour une salope.

MATHILDE.

– Et quand tu baises « inutile » ?

ANDRÉA.

– Je ne me sens pas obligée de m'emmerder. *(Docte.)* Je m'emmerde « bénévolement ». *(Sortant vers la cuisine.)* Café ?

MATHILDE.

– Oui, je veux bien. Et tu as eu tes infos ?

ANDRÉA, *depuis la cuisine.*

– Ben évidemment ! J'ai de quoi semer la panique dans les caleçons des sales cons pour un bout de temps.

MATHILDE.

– C'est un titre pour Libé ?

ANDRÉA, *passant la tête par la porte.*

– Maintenant je connais toute la stratégie de la Fierté des Mâles pour les prochains mois ! Ce qu'ils veulent faire passer sur le non-remboursement de la contraception, de l'IVG… Toutes leurs cibles !

MATHILDE.

– Rentable ! Mais le procédé est tout de même…

ANDRÉA, *apportant deux tasses sur un plateau.*

– Crevant ! Bah, à la guerre comme à la guerre non ?

MATHILDE.

– Soldat Andréa, je suis fière de toi ! Si je ne me retenais pas, je te tirerais l'oreille !

ANDRÉA, *minaudant et tortillant des fesses.*

– Pas de familiarité déplacée !

MATHILDE, *lui claquant les fesses.*

– Je t'en ficherais moi de la familiarité ! Dévergondée !

ANDRÉA.

– Aïe ! Mais ça va pas non ?

MATHILDE.

– Je t'invite à déjeuner…

ANDRÉA.

– Où ça ? Tu sais bien qu'on ne doit pas nous voir ensemble ! Surtout en ce moment ! Et puis tu imagines ? Dans cette tenue ?

MATHILDE.

– Ah oui merde, c'est vrai. Bon, ben habille-toi, je t'invite ici… Pizza ça va ?

ANDRÉA.

– Bof… Sushi non ?

MATHILDE.

– Sushi si !

Elle sort.

Intermède.

VOIX OFF.

Avant, il n'y avait qu'une seule sorte de désir, celui dont les autres pouvaient parler, mais je ne devais pas entendre, pas répondre, ça ne devait pas exister, ou seulement dans quelque chose qui ressemblait à un rêve,

dans le noir,

dans le silence,

ou dans tellement de bruit que c'était comme le silence,

dans une soirée avec la musique à fond,

dans le cri,

dans le halètement,

dans la douleur,

dans les contractions des muscles honteux,

dans les écoulements qu'il faut vite éponger avant qu'ils ne traversent, qui empêchent d'aller à la piscine,

d'écarter les jambes,

de se faire lécher,

et puis les autres,

blancs,

jaunes,

qui coulent sans raison, ou avec une raison, on ne sait pas,

parce qu'on est fatiguée,

parce qu'on est infectée,

qu'on a des champignons,

ou des trucs aux noms impossibles,

chlamydiae,

trichomonas,

des mots qui foutent la trouille,

vérole,

chaude-pisse,

sida.

Scène IV.

MATHILDE, *au téléphone, elle est en même temps devant son ordinateur.*

– Bon, et ben tu vas t'habituer parce que j'ai trouvé un endroit pour travailler à l'abri du tumulte… *(Elle répète.)* Tumulte ! Hein ? Oui, du stress si tu veux, et… Si le cabinet tourne un peu sans moi, ça ne fera pas de mal. J'ai besoin de prendre des forces… Et tu sais pourquoi ? Tiens toi bien, Coco ! Grâce à notre super victoire sur Lebois-Dormant, il m'est tombé une affaire qui va nous porter au pinacle… *(Elle répète.)* Pi-na-cle ! Au top, si tu veux… Et… Ça sera très dur, alors je prends un peu de repos et toi tu fais tranquillement tourner la boîte. OK ? Boh, de toute façon il n'y a pas grand-chose à faire en ce moment. Je t'ai fait une liste. Tu y es ? *(Elle regarde son ordi.)* Oui… Quatre pages… Et alors ? Le plus urgent : Pastoureau-Chardon… Oui, j'ai accepté… Je sais qu'ils ne sont pas mariés ! Non, pas pacsés non plus… *(Énervée, imitant son interlocuteur.)* Comment ça « et alors » ? Et alors on va faire un effort ! Pastoureau est l'héritier de la succession Meyer, et Chardon veut le faire banquer un max… Sous quel prétexte ? Et bien… Cruauté mentale, harcèlement moral ou quelque chose, tu vas me trouver des témoins, je te fais confiance…

Andréa entre en portant un truc énorme en plusieurs parties qu'elle commence à installer pendant la conversation de Mathilde.

MATHILDE, *continuant au téléphone en faisant des gestes à Andréa.*

– Ah ! Lebois-Dormant s'est suicidé. Il faudrait voir s'il est mort… oui… oui… Comment ça « à quel hôpital » ? Qu'est-ce que j'en sais ? Là où on emmène les suicidés ! Oui, bon, arrête de discuter, tu m'énerves ! Tu le trouves et s'il est mort, tu envoies des fleurs. S'il est vivant, on l'attaque : manœuvre dilatoire visant à influencer la justice ou un truc comme ça… OK ? Et tu te débrouilles un peu… Oui… Et tu ne m'appelles pas tout le temps d'accord ? Voilà… Je… D'accord… Hein ? Ah non, là ça ne va pas être possible, je n'ai pas du tout le temps… OK… Très bien… C'est ça… Allez, bon courage… Ciao !

Elle raccroche.

À Andréa en l'embrassant

Salut beauté blonde !

ANDRÉA.

– Salut ô myope ! Je suis brune !

MATHILDE.

– Nobody's perfect !

ANDRÉA, *retournant à son montage.*

– C'est ç'ui qu'y dit qui y est !

MATHILDE, *désignant les installations d'Andréa*

– Quèsaco ?

ANDRÉA, *même jeu.*

– C'est un nouvel ami, pour que tu ne perdes pas la main…

MATHILDE, *même jeu.*

– Mais je n'ai nullement perdu quoi que ce soit !

ANDRÉA, *même jeu.*

– Que tu dis ! Attends… Alors ça se branche là… Voilà… Attention, attention…

> *Ôtant d'un geste théâtral la cape qui recouvre le Schmürzocktail.*

Je te présente le Schmürzocktail !

MATHILDE, *perplexe.*

– Heu… Charmant… Enchantée

ANDRÉA.

– Attends ! Tu n'as pas tout vu !

> *Elle tape sur la tête du Schmürzocktail qui sort un discours stupide et sexiste.*

MATHILDE.

– Qu'est-ce que c'est que ces conneries ?

ANDRÉA.

– Ce sont des conneries justement ! Il y a là-dedans une sélection de 348 discours sexistes prononcés par les hommes au pouvoir depuis que l'enregistrement existe. C'est pour garder la motiv' quand ton agressivité anti-mec commence à faiblir !

MATHILDE.

– Mais je n'ai pas…

ANDRÉA, *l'arrêtant.*

– Je sais ! C'est pour ça que je l'ai mis au point. C'est un outil pédagogique dont la présence dans notre sanctuaire nous rappellera constamment la stupidité et la dangerosité des mâles dominants. Écoute !

Elle lance de nouveau un discours débile.

Convaincant non ? Dans les cellules des moines trappistes il y avait un crâne humain pour rappeler l'idée de la mort, nous, dans notre baisodrome, nous aurons… Le Schmürzocktail !

MATHILDE.

– Schmerz… ?

ANDRÉA, *sortant une matraque.*

– Schmürzocktail ! J'ai piqué deux noms à Boris Vian : le Schmürz, dans les Bâtisseurs d'Empire, c'est le souffre-douleur muet. On peut tout lui faire.

Elle frappe le Schmürzocktail d'où sort un nuage de poussière.

MATHILDE, *s'époussetant.*

– Arrête !

ANDRÉA.

– Le pianocktail de l'Écume des Jours m'a donné l'idée d'un perfectionnement en accord avec notre décor de lupanar.

Elle donne un verre à Mathilde

– Une petite mousse ?

MATHILDE, *prenant le verre sans comprendre.*

– Heu…

ANDRÉA.

– Tiens-le ici.

Elle sort de la braguette un tuyau qui remplit le verre.

MATHILDE, *prise d'un fou rire nerveux.*

– Non ! Je n'y crois pas… C'est vraiment de la bière ?

ANDRÉA, *riant aussi.*

– Plus très fraîche, mais oui c'est de la bière,

MATHILDE.

– Je veux t'en servir une !

ANDRÉA.

– Attention, ça demande un certain doigté…

MATHILDE.

– Et du savoir-faire ! *(Agitant les doigts en l'air.)* J'en ai !

ANDRÉA.

– Alors à vos marques…

MATHILDE.

– Prête !

ANDRÉA.

– Partez !

Mathilde verse, elles trinquent en riant.

– À la santé du Schmürzocktail !

Elles boivent

MATHILDE, *sérieuse.*

– C'est quand même assez puéril non ?

ANDRÉA.

– Assez oui…

MATHILDE.

– Et obscène…

ANDRÉA.

– Tu trouves ?

MATHILDE.

– Tu te rends compte… Si on nous voyait…

ANDRÉA.

– Les gens diraient : « Baaah, des femmes qui boivent de la bière ! Quelle horreur ! »

MATHILDE, *considérant le Schmürzocktail.*

– Tu comptes le laisser là ?

ANDRÉA.

– Ça te gêne ? Tu ne savais pas que ça avait la tête farcie de saloperies et que leur machin servait aussi à faire pipi ?

MATHILDE.

Deux Femmes.

– Si, je le savais ! Bien sûr ! Non, ce qui me gêne c'est de se représenter ça comme ça, de cette façon… ridicule et caricaturale…

ANDRÉA.

– Mais ils sont ridicules <u>et</u> caricaturaux !

MATHILDE.

– Oui… Peut-être… Mais pas tous… Et même si c'était vrai, est-ce que c'est nécessaire d'en remettre une couche ?

ANDRÉA, *réfléchissant.*

– J'ai l'impression que oui… Ça t'ennuie pour Martin c'est ça ?

MATHILDE.

– Il ne lui ressemble pas…

ANDRÉA.

– Même pas un tout petit peu ?

MATHILDE.

– Non. Pas du tout. Et d'ailleurs s'il lui ressemblait un tant soit peu, je le jetterais.

ANDRÉA.

– Martin ?

MATHILDE.

– Tu voudrais que je me trimballe un imbécile qui se fait taper dessus et qui pisse de la bière ?

ANDRÉA.

– Tu le jetterais ! Comme ça… !

MATHILDE.

– Ben bien sûr !

ANDRÉA.

– Et il dirait quoi ?

MATHILDE.

– C'est bien le cadet de mes soucis !

ANDRÉA, *réfléchissant.*

– Pourquoi vous êtes ensemble ?

MATHILDE.

– Ben… Parce qu'on est mariés…

ANDRÉA.

– Ah la belle raison ! Et pourquoi vous vous êtes mariés ?

MATHILDE.

– Parce qu'on était…

ANDRÉA.

– Ensemble ?

MATHILDE.

– Mais non ! Tu es bête… C'est parce que… En fait, je ne sais plus vraiment. C'était pour faire comme tout le monde, pour montrer qu'on avait réussi, qu'on pouvait s'installer… Est-ce que je sais ? On s'est marié pour les mêmes raisons que tout le monde !

ANDRÉA.

– Pour faire des enfants…

MATHILDE.

– Ah ça non ! Je n'ai pas le temps !

ANDRÉA.

– Et Martin ?

MATHILDE.

– Il n'a pas le temps non plus. De toute façon s'il en voulait, il aurait choisi une autre femme ! J'ai été très claire avec ça : je n'ai pas du tout la fibre maternelle. Ce qui compte, c'est mon boulot.

ANDRÉA.

– C'était pour le sexe ?

MATHILDE.

– Ça fait beaucoup de questions je trouve !

ANDRÉA.

– Eh… Je suis journaliste d'investigation…

MATHILDE.

– D'accord, d'accord, mais un peu à son tour, à la journaliste… Pourquoi elle est mariée ?

ANDRÉA.

– Je ne suis pas mariée.

MATHILDE, *faussement indignée.*

– Oh ! Tu vis dans le péché avec Karl ? *(Prenant la voix d'un vieux curé.)* À genoux, pécheresse, devant ton confesseur ! Tu n'as tout de même pas conçu d'enfants hors mariage ?

ANDRÉA.

– Si mon père… deux. Un garçon et une fille.

MATHILDE.

– Ciel ! Deux innocents conçus dans la lubricité, la volupté et la jouissance…

ANDRÉA.

– Non, mon père !

MATHILDE.

– Quoi « Non » ?

ANDRÉA.

– Je n'ai pas joui…

MATHILDE, *embêtée, lâchant d'un coup son personnage.*

– Ah ? Merde…

ANDRÉA.

– À ma décharge, si j'ose dire, la conception ne m'a apporté aucun plaisir.

MATHILDE, *reprenant son personnage.*

– Ah bon… C'est déjà ça…

ANDRÉA.

– Mais les élever me donne beaucoup de joies !

MATHILDE.

– Tais-toi fille perdue ! Il convient d'enfanter dans la souffrance et d'élever sa progéniture dans la peine !

ANDRÉA.

– Je le sais mon père, mais je m'en fous.

MATHILDE.

– Tu préfères le plaisir, fornicatrice !

ANDRÉA.

– Bof… Pas tant que ça… Vous seriez déçu !

MATHILDE.

– Le remords perturbe tes sens !

ANDRÉA.

– Je crois que je préfère un bon bouquin…

MATHILDE.

– Bon, ça suffit comme ça ! Ça fera trois ovaires et deux pâtés !

ANDRÉA.

– Vous êtes perturbé mon père. C'est « trois Pater et deux Ave » qu'il faut dire.

MATHILDE.

– Bon ben… C'est comme d'habitude !

ANDRÉA.

– Une petite pipe alors ?

MATHILDE.

– Tais-toi pécheresse ! Bon… Mais vite fait hein ?

Elles rient.

ANDRÉA.

– Tu es parfaite dans le rôle du pervers en soutane ! On s'y croirait !

MATHILDE.

– Je ne savais pas que tu avais des enfants.

ANDRÉA.

– Tu ignores beaucoup de choses de ma vie trépidante chère Mathilde !

MATHILDE.

– J'ai quand même l'impression d'avoir levé un coin du voile…

ANDRÉA, *détournant les yeux, un peu gênée.*

– Ah oui ? *(À Mathilde, désignant le Schmürzocktail.)* Il va bien dans le décor non ?

MATHILDE.

– Mais si quelqu'un vient ?

ANDRÉA.

– Qui ? Cet endroit est secret…

MATHILDE, *un peu troublée.*

– Secret… C'est juste pour travailler à l'abri des regards. Ce n'est pas un lieu de rendez-vous amoureux !

ANDRÉA, *également troublée.*

– C'est tout de même une garçonnière…

MATHILDE.

– Oui.

ANDRÉA.

– Bon, qu'est-ce qu'on en fait ? On le bazarde ?

MATHILDE.

– Non. Tu t'es donné du mal pour le faire et puis je comprends ce que tu veux dire. Je ne sais pas si tu as raison. Peut-être après tout… Cet endroit est pour nous et rien que pour nous. On le garde à l'essai.

ANDRÉA.

– Tu es sûre ?

MATHILDE.

– Certaine !

ANDRÉA, *en l'embrassant.*

– Merci !

MATHILDE, *se mettant en position auprès du Schmürzocktail.*

– Ça s'arrose non ?

ANDRÉA, *tendant son verre.*

– Yes !

Intermède.

VOIX OFF.

Avant, c'était bien quand on n'avait plus peur.

Ça ne durait pas longtemps.

On n'avait pas peur quand on faisait des choses ordinaires,

regarder la télé,

lire,

dormir, sortir avec des amies,

au restaurant,

au café,

s'occuper des enfants,

parler de l'école,

téléphoner,

lire des magazines,

faire les boutiques.

Scène V.

ANDRÉA.

– Tu es fidèle, toi ?

MATHILDE.

– Oui. Mais pas pour le sexe.

ANDRÉA.

– Et tu dis que tu es fidèle ?

MATHILDE.

– Je suis fidèle à mes amis, mes engagements, à moi…

ANDRÉA.

– Mais tu couches avec n'importe qui…

MATHILDE.

– Non. Avec beaucoup de monde, mais pas avec n'importe qui. Et toi ?

ANDRÉA.

– Quoi moi ?

MATHILDE.

– Tu es fidèle ?

ANDRÉA.

– Non. Enfin si, si je regarde les choses comme toi. Je suis fidèle à ce que je crois. Mais je couche avec des mecs et je n'essaie pas de me faire croire…

MATHILDE.

– C'est juste une question de mots.

ANDRÉA.

– Peut-être, mais j'y ai cru à la fidélité.

MATHILDE.

– Ah. Et pourquoi tu n'y crois plus ?

ANDRÉA.

– L'ennui.

MATHILDE.

– Comme tout le monde…

ANDRÉA.

– Peut-être… Toi c'est pour ça ?

MATHILDE.

– Je n'ai pas eu le temps d'y croire.

ANDRÉA.

– Raconte !

MATHILDE.

– À quinze ans, les filles de mon âge se trouvaient un mec pour former un couple, pas moi. Je trouvais les mecs… Bon, ça ne le faisait pas quoi ! Ce n'était pas pour moi. Et puis l'été de mes 17 ans, j'ai trouvé un job dans le port breton où on passait les vacances avec mes parents. Avec une barque à moteur, j'emmenais les plaisanciers sur leurs bateaux. Et c'est là…

ANDRÉA.

– Il s'est passé quoi ?

MATHILDE.

– Et bien… *(Elle réfléchit.)* Tu vas comprendre : mets-toi là. *(Elle installe Andréa au fond du canapé et lui donne un ustensile quelconque.)* Ça, c'est la barre OK ?

ANDRÉA.

– OK…

MATHILDE.

– Tu es Mathilde, dix-sept ans, sur son petit bateau que hèlent les plaisanciers. OK ?

ANDRÉA.

– OK.

MATHILDE.

– Je suis les plaisanciers…

ANDRÉA.

– OK.

MATHILDE, *jouant un plaisancier.*

– Ohé !

ANDRÉA, *un peu vague.*

– Ohé !

MATHILDE, *cessant de jouer.*

– Non ! Pas comme ça ! Il faut que tu te mettes dans la peau d'une jeune effarouchée ! On recommence. *(Elle joue.)* Ohé !

ANDRÉA, *même jeu.*

– Youhou !

MATHILDE, *même jeu, l'embrassant.*

– Salut ! Ça va ?

ANDRÉA, *même jeu.*

– Bien et toi ?

MATHILDE, *même jeu.*

– Génial ! On va s'éclater aujourd'hui

ANDRÉA, *même jeu.*

– Beau temps hein ?

MATHILDE, *même jeu, faisant des yeux de veau.*

– Mathilde…

ANDRÉA, *même jeu.*

– Oui ?

MATHILDE, *même jeu.*

– Quand est-ce que tu sors avec moi ?

ANDRÉA, *même jeu.*

– Ben là je travaille tu vois…

MATHILDE

– Oui, mais j'ai vachement envie…

ANDRÉA

– Oui, mais bon… Voilà quoi…

MATHILDE

– Mathilde…

ANDRÉA

– Oui ?

MATHILDE

– J'ai encore rêvé de toi…

ANDRÉA

– Ah merde… Et c'était bien ?

MATHILDE

– Ben oui, on était ensemble…

ANDRÉA

– Ah ouais…

MATHILDE

– Et toi ?

ANDRÉA

– Quoi moi ?

MATHILDE

– Tu rêves de moi des fois ?

ANDRÉA, *prise de fou rire.*

– Heu…

MATHILDE.

– Pourquoi tu ris Mathilde ?

ANDRÉA, *toujours dans son fou rire.*

– Mais je ne ris pas !

MATHILDE.

– Il ne faut pas que tu sois gênée par ton instinct tu sais… C'est naturel quand on a ton âge, tes pulsions sexuelles sont très fortes en présence d'un homme qui te désire…

ANDRÉA, *réprimant son fou rire.*

– Oui…

MATHILDE.

– Je te désire Mathilde !

ANDRÉA.

– Bon, ben, là y faut que j'y aille, alors…

MATHILDE.

– Tu as bien entendu Mathilde… Je t'attends… *(Avec feu.)* Je te veux !

ANDRÉA, *sortant du jeu, un peu troublée.*

– Waouh ! Il était chaud bouillant celui-là !

MATHILDE.

– Il avait les genoux cagneux…

ANDRÉA.

– Boh…

MATHILDE.

– Avec du poil dessus…

ANDRÉA.

– Ah ouais, quand même…

MATHILDE.

– Mais c'est vrai que son désir… ça me faisait quelque chose !

ANDRÉA.

– Alors… Vous l'avez fait ?

MATHILDE.

– La première année, je l'ai fait lanterner. Ce n'était pas très difficile et c'était marrant. Il était avec sa fiancée. Une idiote avec un appareil dentaire.

ANDRÉA.

– Mais alors, la deuxième année… Oui ?

MATHILDE.

– Ben oui. Il était marié et gai comme un corbillard. Il me regardait avec des yeux de loup… J'ai eu pitié de lui.

ANDRÉA.

– C'était bien ?

MATHILDE.

– C'était drôle ! Il était tellement excité que ça partait avant d'avoir commencé. Ça me faisait rire ! Lui évidemment, ça l'amusait moins…

ANDRÉA.

– C'était flatteur quand même non ?

MATHILDE.

– Bof… C'était marrant son côté « arroseur arrosé ».

Intermède.

VOIX OFF.

Avant, j'étais une seule, et j'avais peur de toutes ces autres que je ne voulais pas être.

Comme j'étais seule, je croyais être une, mais je n'étais pas.

Pas encore.

J'étais à la porte,

au bord de la piscine,

au bord de la piste de danse,

au bord des lèvres,

au bord du lit,

au bord

d'elle.

Scène VI.

MATHILDE.

– Et toi, pourquoi tu es avec Karl ?

ANDRÉA.

– Par… Je ne sais pas vraiment. Pour ne pas être seule je suppose.

MATHILDE.

– Par amour ?

ANDRÉA.

– Ça… Si on te le demande, tu diras que tu n'en sais rien.

MATHILDE.

– Oh pardon…

ANDRÉA.

– J'allais dire : par habitude.

MATHILDE.

– Par habitude ?

ANDRÉA.

– Oui. On se connaissait depuis longtemps avec Karl. Il y a toujours eu Karl, à la maison, dans la famille, en vacances… on faisait tout ensemble. Alors, à l'adolescence…

MATHILDE.

– Vous avez fait le reste !

ANDRÉA.

– Oui. Et je suis tombée enceinte.

MATHILDE.

– Ah… Alors ?

ANDRÉA.

– Alors il a fallu faire quelque chose.

MATHILDE.

– « Régulariser » ?

ANDRÉA.

– J'avais quinze ans et il en avait dix-sept…

MATHILDE.

– Ah oui… Évidemment… Pas de pot !

ANDRÉA.

– D'autant plus qu'on l'avait fait une seule fois…

MATHILDE.

– Aïe !

ANDRÉA.

– Comme tu dis : juste ça : aïe ! Et quand on a su : « ouille ouille ouille » !

MATHILDE.

– Les parents ?

ANDRÉA.

– Les parents, les amis, le qu'en-dira-t-on, et « ton avenir est fichu », et « ma pauvre petite », et « traînée », et personne pour te demander si au moins ça t'avait fait plaisir…

MATHILDE.

– Ça t'avait fait plaisir ?

ANDRÉA.

– Franchement, non. J'ai eu mal, il transpirait, et après il ne savait plus ou se mettre… Je me souviens que j'ai pleuré. Le pire, ça a été le rendez-vous avec le planning familial ! L'entretien avec la psychologue…

MATHILDE.

– Elle était sympa ?

ANDRÉA.

– Avec le recul, je crois, oui, mais nous étions tellement affolés !

MATHILDE.

– Attends !

Elle s'empare d'un oreiller qu'elle se met sur le ventre.

Tu veux que je fasse Andréa affolée ?

ANDRÉA, *riant.*

– Tu es bête !

MATHILDE, *jouant Andréa, l'air terrorisé, d'une voix chevrotante.*

– Bonjour Madame…

ANDRÉA, *riant toujours.*

– Mais je n'étais enceinte que de quelques jours !

MATHILDE, *même jeu.*

– Bonjour Madame, je ne suis enceinte que de quelques jours…

ANDRÉA, *rentrant dans le jeu.*

– Et ben, on ne dirait pas ! Et qu'est-ce qui vous amène ?

MATHILDE

– Je voudrais faire passer l'enfant…

ANDRÉA

– Tiens, tiens ! Et comment vous comptez vous y prendre ?

MATHILDE

– Ben justement, je ne sais pas trop…

ANDRÉA

– Et il a un père cet enfant ?

MATHILDE

– Un père, c'est beaucoup dire…

ANDRÉA

– Mais enfin, vous ne l'avez pas fait toute seule ?

MATHILDE

– Ben non… Enfin, je ne crois pas…

ANDRÉA

– Et où est-il donc ce gaillard ?

MATHILDE

– Dans la salle d'attente, heu… Madame.

ANDRÉA

– Ah tiens donc ! Allez donc me le chercher !

MATHILDE, *elle fait une fausse sortie et revient en imitant un Karl décomposé.*

– B… B… Bonjour Mad… Madame.

ANDRÉA

– Bonjour jeune homme !

Mathilde s'assoit sur un fauteuil bas au pied de la table. Andréa s'assied sur la table de façon à dominer complètement Mathilde.

– Comme vous appelez-vous ?

MATHILDE

– Ka… Kaka… Kakarl… Madame.

ANDRÉA

– Kakarl ? C'est charmant !

MATHILDE

– Oui… Oui… Heu… Non…

ANDRÉA

– Alors quelles sont vos intentions, jeune homme ?

MATHILDE, *toujours bredouillant.*

– J… Je ne…

ANDRÉA, *attentive.*

– Oui oui oui, je vois…

MATHILDE

– J'ai pas fait exprès m'dame !

ANDRÉA, *avec une bienveillance appuyée.*

– Bon ! On va voir ce qu'on va pouvoir faire. Allez donc chercher cette pauvre fille qu'on parle un peu de contraception !

MATHILDE, *cessant de jouer.*

– Oh ! Elle était vraiment comme ça ?

ANDRÉA.

– Non ! Pas du tout ! Elle était plutôt sympa. Mais Karl avait effectivement complètement perdu les pédales.

MATHILDE.

– Et après ?

ANDRÉA.

– Après, c'était l'avortement… Karl était là… Il était mal ! Je me sentais presque obligée de m'occuper de lui… c'est des moments pas drôles.

MATHILDE.

– Je sais.

ANDRÉA.

– Ah… Toi aussi ?

MATHILDE.

– Oui, deux fois. Mais toujours toute seule !

ANDRÉA.

– Martin n'était pas là ?

MATHILDE.

– Martin n'y était pour rien. *(Un temps.)* Tu sais, c'était bien que Karl soit là…

ANDRÉA.

– Oui, je sais, mais on n'en a jamais parlé. On est ensemble, on a deux enfants parce que j'ai fait ce qu'il fallait, mais c'est un copain, pas… On « partage » notre vie. Tu vois ? Ma vie est « partagée » : une moitié où il ne se passe rien et l'autre où il ne se passe pas grand-chose.

MATHILDE.

– Et moi je suis où là-dedans ?

ANDRÉA.

– Tu es la troisième moitié !

Intermède

VOIX OFF.

Avant, je ne voulais pas.

Je ne savais pas vouloir, je ne voulais pas savoir, je ne voyais pas, je ne voulais pas voir, je ne me voyais pas vouloir.

Je n'étais pas.

Je n'avais pas de poids, pas de matière, pas de forme, pas de goût, pas d'odeur sinon mauvaise,

à cacher,

à masquer,

à parfumer,

pour sentir comme il faut,

pas les pieds,

pas les aisselles,

les dents le matin,

la sueur...

Scène VII.

MATHILDE.

– Et tes amants ?

ANDRÉA.

– Ça me fait drôle ce nom… C'est juste les mecs avec qui je trompe mon mec, mon ennui… Un amant, il faut l'aimer non ?

MATHILDE.

– Pas obligé…

ANDRÉA.

– Tu ne les aimes pas toi ? Aucun ?

MATHILDE.

– Il y en a un qui a compris des trucs… Il s'appelle Jorge.

ANDRÉA.

– Georges.

MATHILDE.

– Non, Jorge. Il est vénézuélien. Je fais de la sculpture avec lui.

ANDRÉA.

– Tiens ? C'est marrant. Je ne te voyais pas dans les arts plastiques. Ce n'est pas un peu mièvre ?

MATHILDE.

– De la sculpture sur métal. De la tôle, des tronçonneuses, de la soudure à l'arc… Son atelier ressemble à l'enfer. J'y règle mes comptes. Je découpe de la ferraille à la disqueuse, je soude, je cogne, je fais gicler du feu…

ANDRÉA.

– Et tu fabriques quoi ?

MATHILDE.

– Des machins sans queue ni tête… Affreux ! Ça fait un bien !

ANDRÉA.

– Tu me montreras ?

MATHILDE.

– Si tu veux… Mais c'est très… Personnel…

ANDRÉA.

– Justement

MATHILDE.

– Je veux dire… Il y a là-dedans des choses… Ça n'est pas drôle… Tu comprends ?

ANDRÉA.

– Non, je… sens, seulement.

MATHILDE.

– Il y a… C'est juste un moyen de faire sortir des trucs !

ANDRÉA.

– Ouais, super ! Tu t'éclates quoi !

MATHILDE.

– Non…

ANDRÉA.

– Ah…

MATHILDE, *très hésitante.*

– Il y a des images, des sensations, des souvenirs, que je dois empêcher de remonter, des choses qui m'étouffent…

ANDRÉA.

– Toi ?

MATHILDE.

– Oui… Ça t'étonne ?

ANDRÉA.

– Un peu oui… Tu sembles si forte…

MATHILDE.

– Et bien, c'est faux. Et c'est vrai aussi… Tu vois… J'ai été violée, à quinze ans. Je n'en ai jamais parlé. Je n'ai pas porté plainte, parce que… parce que c'était un ami de mes parents alors, le scandale, et puis sa femme, ses enfants… Et bon, je croyais que je pourrais surmonter ça. J'ai travaillé, j'ai été la meilleure, je voulais oublier, gagner ! Tu comprends ? Gagner !

ANDRÉA.

– Oui…

MATHILDE.

– Mais ça ne marche pas, ça ne suffit pas. Tout au fond, il reste un visage, une voix, quelque chose, une mollesse, un empêchement, une laideur, toi-même peut-être… Et ça ne part pas. Je suis forte mais ça ne part pas. Si je regarde les choses en face, ça ne part pas. C'est toujours là, dans l'ombre…

ANDRÉA.

– Je comprends…

MATHILDE.

– Non. Tu ne comprends pas. Personne ne peut. Sauf peut-être une autre victime. Mais c'est exactement ce que je ne veux pas être : une victime ! Je fuis les victimes comme la peste. Je ne veux pas de pitié, de regards mouillés, de commisération, de tendresse, d'amitié… Je veux seulement vider un abcès.

Elle ramasse la matraque et s'approche du Schmürzocktail.

Tu ne sais pas ce que tu as remué en l'amenant ici celui-là. Tu vois, il ne peut rien faire, et puis ce n'est qu'un pantin ridicule, et bien, la seule idée de le frapper me donne envie de vomir et je suis morte de trouille.

Elle le menace, brandissant son arme.

Ça ne serait pourtant pas difficile… Ça me ferait sûrement du bien.

Un silence

Elle baisse la matraque qu'elle garde à la main.

ANDRÉA.

– Il t'a battue ?

MATHILDE.

– Non. Il n'a pas eu à le faire. J'étais… Je n'ai rien fait. Je n'ai pas crié, je n'ai pas pleuré, je ne l'ai pas empêché de me déshabiller. J'avais honte…

ANDRÉA.

– C'était la première fois ? Je veux dire…

MATHILDE.

– Oui, j'étais vierge. Et j'ai eu mal, et j'avais honte d'être vierge, de saigner, d'avoir mal…

ANDRÉA.

– Quel salaud !

MATHILDE.

– Si tu voyais ses yeux quand il me regarde !

ANDRÉA.

– Comment ça « Quand il me regarde » ? Tu le vois encore ?

MATHILDE.

– Oui, parfois, je le croise dans la rue… Depuis quelques années. Depuis trois ans en fait. Et je sais exactement quel jour, à quel endroit, à quelle heure je l'ai revu. J'étais terrorisée.

ANDRÉA.

– Et qu'est-ce que tu as fait ?

MATHILDE.

– Rien… Je n'ai rien fait. Je n'ai rien dit pendant toutes ces années. Que pouvais-je dire maintenant ?

ANDRÉA.

– Je ne sais pas… En parler à Martin ?

MATHILDE.

– Non. Ça, c'est pas possible. Je ne peux pas.

ANDRÉA.

– Pourquoi ?

MATHILDE.

– Parce que, Martin…

ANDRÉA.

– Pourquoi tu m'en parles ?

MATHILDE.

– Martin… C'est un homme tu comprends ?

ANDRÉA.

– Ah… C'est pour ça…

MATHILDE.

– Et puis… Avec toi, c'est possible. Je ne sais pas pourquoi.

ANDRÉA.

– Moi aussi… Je veux dire : moi non-plus.

Andréa ramasse la matraque

Mathilde !

MATHILDE.

– Oui ?

ANDRÉA.

– Fais-le !

Mathilde prend la matraque des mains d'Andréa, elle se place dos au public, face au Schmürzocktail, bien en appui sur ses deux pieds et arme un coup terrible.

Intermède.

VOIX OFF.

Avant, je n'avais pas de sexe,

juste une absence de sexe,

pour être complète

il fallait qu'un homme me mette le sien dedans...

J'aimais bien cette idée,

je trouvais ça excitant, plein, rassurant,

qu'il puisse y avoir là,

durablement,

quelque chose à la place de rien,

dedans,

qui comblerait un vide, une absence...

Je ne savais pas que ce serait juste un truc

pas si gros que ça,

pas si dur que ça,

pas si remplissant,

et plein de peur de ne pas être à la hauteur,

de redevenir mou,

d'être pas assez long,

pas assez brutal,

assez gros,

de pas gicler assez vite,

que ce serait aussi embarrassant après,

cette chose pleine de peau qui se plisse,

d'un coup tout minable, inutile et mouillé…
Impossible à admirer.

Scène VIII.

MATHILDE.

– J'ai rencontré ton mari.

ANDRÉA.

– Karl ? Il est là en ce moment ?

MATHILDE.

– Tu ne savais pas ?

ANDRÉA.

– Il était en Afrique…

MATHILDE.

– Il s'inquiète.

ANDRÉA.

– La dérive des plaques tectoniques le soucie beaucoup.

MATHILDE.

– Il s'inquiète pour toi.

ANDRÉA.

– Pour quoi faire ?

MATHILDE.

– Il m'a demandé si j'avais de tes nouvelles, je ne savais pas quoi dire, il paraît que ça fait des jours qu'il ne t'a pas vue.

ANDRÉA.

– Ben évidemment… En Afrique…

MATHILDE.

– Il est rentré le 10…

ANDRÉA.

– Ah bon… Et on est… ?

MATHILDE.

– Le 18…

ANDRÉA.

– Ah quand même…

MATHILDE.

– Andréa…

ANDRÉA.

– Oui ?

MATHILDE.

– Ça ne va pas ?

Andréa va ranger des trucs, long silence.

Andréa ?

ANDRÉA.

– Je ne sais pas…

MATHILDE.

– Je…

ANDRÉA.

– Je ne sais plus où j'en suis.

MATHILDE.

– À propos de quoi ?

ANDRÉA.

– De tout. Je… J'ai l'impression que rien n'a de sens.

MATHILDE.

– Ah…

ANDRÉA.

– Remarque, ce n'est pas nouveau, mais avant… ça n'était pas aussi… concret.

MATHILDE.

– Avant quoi ?

ANDRÉA.

– Avant qu'on vienne ici. *(Un temps.)* Si j'avais su que ça prendrait autant de place…

MATHILDE.

– Qu'est-ce que tu aurais fait ?

ANDRÉA.

– Je ne sais pas… J'aurais eu peur…

MATHILDE, *riant.*

– C'est déjà ça !

ANDRÉA, *elle rit un instant puis, après un silence.*

– J'ai peur… Et toi aussi tu as peur.

MATHILDE.

– Je…

ANDRÉA, *à cran, sans la regarder.*

– Ne mens pas…

MATHILDE.

– Oui…

ANDRÉA.

– Oui, quoi ?

MATHILDE.

– Oui, j'ai peur.

ANDRÉA.

– C'est déjà ça !

MATHILDE.

– Tu trouves ?

ANDRÉA.

– Je rigole…

MATHILDE, *un temps.*

– De quoi tu as peur ?

ANDRÉA.

– Non. Toi d'abord

MATHILDE.

– Pourquoi moi ?

ANDRÉA.

– Parce que toi tu sais où tu en es…

MATHILDE.

– Première nouvelle !

ANDRÉA.

– Et tu sais mieux que moi où j'en suis !

MATHILDE.

– Mais enfin Andréa, tu rêves !

ANDRÉA.

– Oui, je rêve, de plus en plus. En ce moment, je rêve tout le temps. Pas toi ?

MATHILDE.

– Je… Je ne sais pas…

ANDRÉA.

– Tu ne te souviens pas de tes rêves ?

MATHILDE.

– Pas toujours, pas en ce moment…

ANDRÉA.

– En ce moment, c'est pas compliqué, je rêve de toi.

MATHILDE.

– Merde…

ANDRÉA.

– Pourquoi merde ?

MATHILDE.

– Parce que moi aussi…

ANDRÉA.

– Ah… Merde…

MATHILDE.

– Et… C'est comment ?

ANDRÉA.

– Super… C'est… C'est super !

MATHILDE.

– D'accord, mais c'est… Je veux dire, il se passe quoi ?

ANDRÉA.

– Je n'ose pas le dire… Et toi ?

MATHILDE.

– Moi aussi… Je veux dire, moi non-plus…

Intermède.

VOIX OFF.

Avant, je pensais que les gens du sexe, ceux qui savaient, qui n'avaient pas peur,

étaient toujours à la hauteur, pleins d'idées de choses à faire avant, danser, sortir, rire,

et après,

voyager, s'embrasser, se regarder, se sourire, rire…

Avant, je ne comprenais pas pourquoi il fallait se contenter de l'ombre de ça.

Quelqu'un qui ne faisait qu'à moitié la gueule après l'amour c'était finalement déjà ça, mieux que rien, ou peut-être le maximum de ce qui était possible.

Scène IX.

ANDRÉA, *seule au téléphone.*

– Oui, Le SLIP. *(Elle épelle.)* S.L.I.P. : SLIP oui comme un slip. Ça veut dire Service de Lutte contre l'Imbécillité Phallocrate. Si tu veux je te fais un papier là-dessus, mais attention, c'est de l'épais ! *(Elle écoute.)* Et bien voilà : c'est un groupe de gens qui se disent « citoyens inquiets du retour de la phallocratie dans la vie publique » et qui en ont marre d'entendre des gros cons se lâcher sur les femmes en général, la condition féminine, raconter des histoires de blondes, empêcher les avortements, etc. Ils ont inventé le prix du SLIP. C'est un prix qu'ils décernent solennellement aux phallocrates méritants. Il y a plusieurs catégories. Tout en bas de l'échelle il y a « la trace de freinage » décernée à ceux qui ont tenu des propos cons mais peut-être involontaires, et tout en haut il y a le « bicolore gras » décerné aux indécrottables… *(Elle écoute.)* Oui, « bicolore gras ». C'est assez hermétique, mais on comprend mieux à la lumière des autres catégories : le « jaune devant », le « brun derrière », le « douteux », le « trop-plein ». *(Elle écoute.)* Oui, tout en finesse ! Boh, faut dire que dans le genre lourdingue les récipiendaires ne font pas dans la légèreté : celui qui a dit « On dit que je suis misogyne, mais tous les hommes le sont, sauf les tapettes » tu te souviens ? *(Elle écoute.)* Oui, Ah non ! Il y a des femmes aussi, bien sûr ! Tu te souviens de ces propos très frais sur de Nafissatou Diallo : « Je me demande si c'est pas ce qui lui est arrivé de mieux », et bien, c'était une femme… Elle s'appelait… Double-Fanon ou quelque chose comme ça... *(Elle écoute.)* Non, non, ça ne se limite pas à l'époque actuelle. Je crois qu'il y a une dimension historique. Le « Slip d'Airain » je crois. C'est assez déloyal : ils ne peuvent plus se défendre ceux qui ont dit « Aimer les femmes est un plaisir de pédéraste » ou « J'ai souvent envie de demander aux femmes par quoi elles remplacent l'intelligence. » En même temps il n'est pas inutile de rappeler que c'est une forme de conneries qui remonte à loin... *(Elle écoute.)* De l'empathie pour ce sujet ? *(Elle écoute et rigole.)* Qu'est-ce qui peut te faire dire une chose pareille ? Tu sais bien que je resterai professionnelle et froide comme une lame. Je ne voudrais pas qu'on puisse croire que *Le Récent Scrutateur* pourrait avoir des sympathies de gauche... *(Elle écoute.)* OK... OK...

Intermède.

VOIX OFF.

Avant, je n'avais jamais joui.

Je pensais que l'orgasme, c'était l'état ultime avant la répudiation.

Pas par l'autre, non, par moi-même.

Je me disais que si je me laissais complètement aller, je ne me supporterais plus, je serais une honte à moi-même, je me ferais horreur, je ne pourrais plus m'accorder de considération…,

Je ne savais pas que je ne m'étais jamais accordé de considération.

Scène X.

MATHILDE, *seule.*

Elle entre en « tenue de travail », c'est-à-dire tailleur, chaussures élégantes, jupe sévère et sexy, un sac de voyage à la main. Pendant la scène, elle se déshabille, se change pour passer une tenue beaucoup plus décontractée : jean, baskets, pull-over ou sweat-shirt.

Elle appelle

– Andréa ? Tu n'es pas là ? Bon. Ben t'es pas là, t'es pas là… Je sors de chez Chardon figure-toi. Il ne m'a pas regardée une seconde. Enfin si, mais comme un objet de déco… pas comme « la femme » que je suis…

À quoi bon le décolleté ou la jupe s'il me regarde comme si j'étais les ballons d'Alsace ou la mer de sable.

Et puis tu as raison : les fringues, ça trimballe des codes qui nous dépassent. Si je ne me retenais pas, j'arrêterais de m'épiler les pattes, je brûlerais mon jogging et je me baladerais en soutif toute la semaine !

Elle s'arrête brusquement.

Qu'est-ce que j'ai dit ?

Face au public, le poing levé, scandant comme un slogan de manif.

Je brûl'rai mon soutif ! En jog-ging tout'la s'maine !

Un temps. Elle s'arrête et regarde sa tenue.

Porter des trucs mous… Est-ce que j'aimerais ça ?

J'aurais le sentiment de devenir molle… Avec les idées en poire et le tonus en goutte d'huile…

Elle continue à se changer jusqu'à être complètement en tenue de jogging, presque en pyjamas.

Se sentir ferme, le talon sonore, l'œil vif, c'est efficace… Peu d'hommes y résistent. Sauf Chardon, c'est vrai, et tant mieux après tout ! Pour une fois qu'on me regarde, moi et pas mes seins, mes fesses ou mon entrecuisse.

Elle se regarde dans la glace.

Bon, là… C'est peut-être un peu excessif. Avec une bonne paire de charentaises c'est un vrai remède contre l'amour…

Elle remet ses chaussures à talon, qui forment, avec le pantalon de jogging un ensemble à la limite du supportable, fait quelques pas de long en large, regarde sa montre et marque quelques signes d'impatience. -

Scène XI.

Andréa entre en coup de vent. Elle est, pour une fois vêtue très élégamment et sexy, beaucoup trop et mal maquillée, du rouge à lèvres dans tous les sens, le Rimmel posé de traviole…

Mathilde assise sur le canapé, se donne à voir, faisant mine de ne pas prêter attention à l'arrivée d'Andréa.

ANDRÉA, *horrifiée en voyant Mathilde.*

– Aaaah ! Mais qu'est-ce qui t'arrive ?

MATHILDE, *découvrant Andréa, horrifiée à son tour.*

– Oh mon Dieu ! Quelle horreur !

ANDRÉA.

– Mais qu'est-ce que c'est que cette tenue ? Tu es malade ?

MATHILDE.

– Qu'est-ce que c'est que ce maquillage ? Tu es devenue folle ?

ANDRÉA.

– Tu ressembles…

MATHILDE.

– On dirait…

ANDRÉA.

– À ma mère !

MATHILDE.

– Ma tante !

> *Elles s'écartent l'une de l'autre jusqu'à atteindre les deux extrémités de la face, gardent un moment de silence peuplé de petits rires nerveux et sans joie, se jettent des petits coups d'œil intimidés.*

ANDRÉA, *moitié en colère et moitié riant.*

– Mais enfin qu'est-ce qui te prend ?

MATHILDE, *même jeu, un peu embêtée.*

– Je… C'était pédagogique…

ANDRÉA.

– Pédagogique ? Mais pour montrer quoi ?

MATHILDE.

– Mais… Et toi ? Pourquoi tu t'es maquillée comme une…

ANDRÉA, *se regardant.*

– Une quoi ?

MATHILDE.

– Mais enfin tu as l'air de… D'une…

ANDRÉA, *désespérée, avec un peu d'outrance comique.*

– Et merde ! Moi qui voulais te ressembler !

MATHILDE.

– Hein ? Tu trouves que ça me ressemble ?

ANDRÉA.

– C'est raté on dirait… Mais toi, c'est quoi ce pyjama ? Tu nous fais une petite régression ?

MATHILDE.

– Je voulais que tu comprennes ce qu'on ressent avec quelqu'un qui ne fait pas d'effort de présentation, quelqu'un qui…

ANDRÉA.

– Qui s'habille comme moi, c'est ça ?

MATHILDE, *commençant à rire.*

– C'est ça !

ANDRÉA, *gagnée par le rire.*

– J'ai vraiment l'air de… De ça ?

MATHILDE, *imitant Andréa.*

– Heu… C'est raté on dirait…

ANDRÉA, *regardant Mathilde de la tête aux pieds.*

– Je n'ai pas de sweat aussi nul ! Et puis franchement les talons… avec le jogging !

MATHILDE.

– Je sais mais je n'avais rien d'autre.

ANDRÉA, *réfléchissant.*

– Mais tu veux dire quoi au fond ? Je suis moche ?

MATHILDE, *avec feu.*

– Non, justement, pas du tout ! C'était juste pour plaisanter… Et aussi, parce que je trouve que tu pourrais, je ne sais pas moi, te mettre un peu en valeur… *(La regardant.)* Comme aujourd'hui… Hum… Pas mal d'ailleurs… Et c'est en quel honneur ?

ANDRÉA.

– Tenue de combat ! Je monte au front ! Ça va saigner ! Ce soir : interview de Claude Bartok-Tok !

MATHILDE.

– Mais il est gay !

ANDRÉA.

– Ben justement ! C'est le moment de faire jouer à plein les armes de ma féminité !

MATHILDE.

– Tu veux le convertir ?

ANDRÉA.

– Meuh non ! Mais pour une fois que je vais pouvoir être féminine sans me sentir comme un chapelet de saucisses devant la gueule d'un Rottweiler !

MATHILDE.

– Ah oui ? Tu dis ça ?

ANDRÉA.

– Parfaitement.

MATHILDE.

– Et tu crois que, maquillée comme ça, ça va le faire ?

ANDRÉA.

– Qu'est-ce qu'il a mon maquillage ?

MATHILDE.

– Tu te maquilles souvent ?

ANDRÉA.

– Ah oui alors ! Je me suis maquillée pour le mariage de mon neveu, pour l'enterrement de ma grand-mère, pour…

MATHILDE.

– Je vois.

ANDRÉA.

– Quoi ? *(Elle se regarde dans la glace.)* Ça ne va pas ?

MATHILDE.

– Qu'est-ce que tu vois dans la glace ?

ANDRÉA.

– Ben… Moi !

MATHILDE.

– Et bien, c'est ça le problème !

ANDRÉA.

– Comment ça ?

MATHILDE.

– Andréa se regarde dans la glace et elle voit… Andréa !
Mais nous, qu'est-ce que tu crois qu'on voit nous ?

ANDRÉA.

– Ben… Andréa ?

MATHILDE.

– Oui, mais laquelle ?

ANDRÉA.

– Comment ça laquelle ? Y'en n'a pas quarante !

MATHILDE.

– Oh certainement que si ! Il y a Andréa fatiguée,
quand elle n'a pas assez dormi, Andréa heureuse,
quand elle est contente, Andréa satisfaite quand elle a
réussi, Andréa soucieuse, occupée, pressée, flâneuse,
rêveuse, séduisante, et encore plein d'autres !

ANDRÉA.

– Et Andréa tout simplement ?

MATHILDE.

– C'est laquelle ?

ANDRÉA.

– Ben…

MATHILDE.

– Il n'en existe qu'une : celle que tu as décidé de
montrer !

ANDRÉA.

– Mais je ne décide rien du tout ! Je suis comme je suis et puis voilà !

MATHILDE.

– Mon œil ! Nous sommes toutes ce que nous voulons être et rien d'autre. Pour le moment, tu vas être ce que je veux que tu sois. Va te débarbouiller, je vais te maquiller !

ANDRÉA.

– Mais…

MATHILDE.

– Il n'y a pas de mais, c'est un ordre !

Andréa sort en laissait la porte ouverte. Les répliques qui suivent sont échangées de loin.

MATHILDE.

– Il y a tout de même quelque chose que je ne m'explique pas bien !

ANDRÉA.

– Quoi ?

MATHILDE.

– Comment une journaliste parisienne et bien faite de sa personne peut-elle ignorer les fondamentaux du maquillage féminin ?

ANDRÉA.

– Mais j'ignore rien du tout ! Je me maquille des fois !

MATHILDE.

– Le plâtras que tu as sur la figure aujourd'hui, tu appelles ça du maquillage ? On dirait un travelo de la porte de saint Cloud !

ANDRÉA.

– Oh !

MATHILDE.

– Bon, ça y est Madame Zaza ?

ANDRÉA.

– Qui ça ?

MATHILDE.

– T'occupe ! Rapplique !

> *Andréa entre dans la pièce avec une serviette sur les épaules et s'installe sur un siège face au public tandis que Mathilde cherche dans son sac à main pour en sortir une trousse de maquillage.*

ANDRÉA.

– Je m'assieds là ?

MATHILDE, *elle passe derrière elle et commence à lui masser les tempes.*

– Yes ! Tu fermes les yeux et tu te laisses aller.

ANDRÉA.

– Mm !

MATHILDE.

– Tu as le droit de Hmmmmer, mais pas trop fort…

ANDRÉA.

– Pourquoi ?

MATHILDE.

– Ça me déconcentre.

> *Pendant les répliques qui suivent, Mathilde masse le visage d'Andréa avec des gestes précis et doux, très tendres, qui ressemblent à des caresses. Puis elle la maquille, lui passe une crème sur le visage, de la poudre, lui dessine les paupières, les lèvres…*

> *Après un assez long silence.*

Alors dis-moi… Ou plutôt non, ne dis rien. Qui vas-tu être ce soir ? Tu vas interviewer ce suffisant de Bartok-Tok. Tu veux lui plaire, mais tu sais que ça ne pourra déboucher sur rien de concret.

ANDRÉA.

– Hum, hum…

MATHILDE.

– Tu veux éprouver ta séduction devant quelqu'un qui n'y cédera pas… Tu es vaniteuse… Ne proteste pas ! Si c'était juste pour toi, tu ferais du charme à un mur ou à ton miroir, mais tu vas te pavaner comme une minette devant Tok-Tok pour voir si tu pourrais l'émoustiller… Tu sais ce que tu es ?

> *Andréa fait un signe de la main qui veut dire « couci-couça ».*

Tu veux que je te le dise ?

ANDRÉA, *elle fait de grands gestes désespérés.*

– Mm ! Hmmm !

MATHILDE.

– Tu es une garce ! *(Andréa refait « couci-couça ».)* Une garce hypocrite ! Tu seras ce soir : Andréa, la tombeuse qui fait mourir ses proies d'un éclat de ses paupières de biche, d'un frémissement de son sourire, d'un soupir de ses lèvres faites pour le baiser…

Attention les vélos ! Garez-vous les mecs, la voilà, elle arrive, c'est elle, vous en avez rêvé et Mathilde l'a faite !

ANDRÉA, *langoureusement.*

– Hmmm…

MATHILDE.

– Taisez-vous, prolégomènes de l'absolue Andréa ! Prosternez-vous devant sa rayonnante majesté ! Elle prend son essor ! Craignez sa puissance et le feu de son regard ! Inclinez-vous avec dévotion devant elle, et toi, va ! Va proclamer en tous lieux que c'est Mathilde la magicienne qui a réalisé ce miracle !

ANDRÉA, *se précipite au-devant du miroir où elle se contemple avec une admiration effrayée.*

– Oh ! Mon Dieu !

MATHILDE.

– Tu peux m'appeler Mathilde, nous sommes entre nous…

Musique.

Mathilde prend Andréa dans ses bras, elles dansent.

ANDRÉA.

– Mais, comment… Comment as-tu fait ? C'est… C'est impossible ! Ce n'est pas…

La musique joue de plus en plus fort. Les répliques se perdent dans le son. On voit qu'elles se parlent longuement.

Intermède.

VOIX OFF.

Avant, je ne me masturbais que pour voir ce que ça faisait.

J'accueillais le choc comme de l'électricité, tchac ! Et puis plus rien, une fatigue. Je dormais.

Avant, je n'aimais pas le goût de mon sexe.

Je n'avais que des mots sales, la mouille, le jus, laid et dégueulasse.

J'avais peur qu'on me lèche, j'étais dégoûtée qu'on puisse aimer ça, se barbouiller de cette glu, je détestais embrasser la bouche poisseuse et mon odeur de honte baveuse…

Avant, je n'avais pas de clitoris ou alors seulement pour militer contre l'excision, pour suivre avec admiration les amies qui disaient

que c'était horrible de les couper,

que c'était le siège du plaisir féminin,

que les hommes étaient des salauds,

que les phallus sont des armes de destruction massive.

En vrai, on me l'aurait enlevé, ça m'aurait libérée de quelque chose,

du souci de ne pas savoir m'en servir.

Scène XII.

L'ambiance est celle d'un rêve, baignée d'une pénombre bleue. Il y a juste un point de lumière sur un fauteuil situé près du Schmürzocktail.

Entre Mathilde.

Elle est habillée façon tango. Jupe fendue, hauts talons.

Ses manières sont très hautaines. Son maquillage est très tranché, très dur.

Elle se met sur les lèvres un rouge extrêmement brutal.

Elle va et vient nerveusement, très déterminée, sans peur mais animée d'une grande tension intérieure, avec une certaine jubilation cruelle.

Elle allume une cigarette puis l'écrase aussitôt, parcourt la scène en faisant claquer ses talons.

Elle lance au public des regards d'une joie méchante, diabolique.

Elle va se servir à boire au Schmürzocktail, puis s'installe auprès de lui.

Elle s'adresse à lui.

MATHILDE.

– Mon cher Mathias…

Oui, Mathias… Tu croyais que j'avais oublié ?

Mathias Bergevin, 34 allée de Boismortier,

Mathias Bergevin, heureux papa des petites Élodie, Marie-Marthe et Grisoline,

Non ? Tu ne sais pas ? Tu ne te doutes même pas un peu ?

Allons, allons… Pendant toutes ces années, tu avais la tête ailleurs ? Enfin quand je dis la tête…

Mon cher Mathias, j'ai pris une décision : je vais te pourrir la vie.

C'est bête ce qui t'arrive… Un peu plus et je t'oubliais tout à fait. Mais il y a trois ans, je t'ai croisé, par hasard. J'étais terrifiée, comme un oisillon tombé du nid. Aujourd'hui c'est fini, parce que j'ai décidé que j'aurai ta peau.

J'ai embauché un détective pour me renseigner sur toi et je sais maintenant la chose répugnante que tu es. Je n'étais ni la première, ni la dernière il paraît ! À ce jour, j'en ai recensé dix-sept autres… Nous sommes donc dix-huit à conserver ce merveilleux souvenir de nos quinze ans ! Car nous avions toutes, absolument toutes, quinze ans. Pas quatorze ni seize : quinze. Comme Louis XV, ou comme le petit quin-quinze !

Dix-huit !

Elle applaudit.

Quel homme !

Elle applaudit.

Quelle vaillance !

Elle applaudit.

Bien sûr, ces informations, toutes les lois et la déontologie, interdisent de les utiliser ou même d'y penser ! Je le sais. Le détective qui a fait ces recherches le sait, mais il se trouve qu'il a trois filles lui aussi, et qu'il a des copains qui ont aussi des filles, pleins de copains… C'est bête hein ! Tu ne vois pas ce qui va se passer ? Et bien voilà : un jour, tu seras au restaurant, ou dans une réunion publique, ou peut-être dans la queue pour le cinéma, et quelqu'un que tu ne connais pas, viendra vers toi, t'appellera par ton nom, « Tiens, par exemple ! Mais n'est-ce pas Mathias Bergevin ? » et bien fort au milieu de la foule, de tes amis, de ta famille peut-être, il évoquera le bon temps où tu violais les minettes de ton entourage, puis il disparaîtra, laissant planer comme un doute… Plus tard, ce sera un autre, pendant un enterrement par exemple, ou dans une salle d'attente, que sais-je ? Et on verra l'inquiétude et la peur dans tes bons yeux de type bien ! C'est drôle non ? Et, tu sais quoi ? Ça a commencé… La personne qui s'occupe de ton compte en banque, Madame Fischer, a été très intéressée d'apprendre des choses sur toi, incroyablement intéressée même ! À croire qu'elle était concernée au premier degré

Je t'aurai, je ferai de ta vie un enfer, je cesserai lorsque tu auras reconnu tes crimes, mais ça n'arrivera jamais : il faut un minimum de courage pour regarder ses fautes et dans ton froc il n'y a rien, que cette nouille malodorante. Tu pleureras des larmes de sang. Le monde se détournera de toi, personne ne voudra savoir ton nom ni le son de ta voix, tu mourras seul, ignominieusement.

Et quand tu seras crevé, j'irai chier sur ta tombe.

À ta santé !

Intermède.

VOIX OFF.

Avant, je ne savais pas m'y prendre. Je ne savais pas. Seules les salopes savaient. Je ne pouvais pas penser comme ça.

J'étais juste une conne

qui avait un merveilleux organe rien que pour le plaisir et qui ne savait même pas s'en servir,

qui aurait dû se coller au plafond trois ou quatre fois par jour avec ses doigts, et qui n'était même pas capable de fantasmer correctement sur un beau cul, une bite bien moulée dans un jean,

qui ne rêvait que de calme, de câlins, de tranquillité, de choses mièvres et bêtes et décourageantes et rose bonbon.

Scène XIII.

Pendant cette scène, Mathilde va et vient, entre et ressort. Andréa et elle échangent des regards très tendres, révélant une intimité étroite. Parfois Mathilde vient embrasser Andréa, ou Andréa embrasse Mathilde, elles se frôlent, se touchent. Pendant toute cette scène, Andréa reste très calme, détachée et en même temps attentive.

ANDRÉA.

– Oui ? Ah Maman ! (Réaction complexe du genre entre « chic ma mère ! » et « merde, ma mère ! ») Comment vas-tu ? *(Réponse interminable qu'Andréa interrompt par des « Ah… », « Oui… » distraits, de très rares tentatives de prise de parole.)* Ah ! Tu vois ! Je te l'avais dit… *(Même jeu. Andréa pose le téléphone pendant que sa mère continue à parler, elle se lève pour prendre Mathilde dans ses bras, l'embrasser…)*

(Elle reprend le téléphone.)

Mais ça, tu me l'as déjà raconté la dernière fois… Si, si, je t'assure… Mais non tu ne perds pas la tête ! C'est seulement que c'est important pour toi…

L'interrompant

Et avec Jean-Pierre… Ah bon… Tiens c'est drôle, je croyais qu'il y avait quelque chose entre vous… Comment ça Papa ? Mais tu dis qu'il ne fait plus attention à toi depuis des années. Pour une fois que tu en as un… Mais je sais bien que tu es ma mère mais je ne suis plus une petite fille et puis, entre femmes il y a des choses…

Coup d'œil à Mathilde

Ah… J'en étais sûre ! Alors… C'était bien ?

Rires

Non… Sans blague… Mais… Mais ça fait combien de temps que… Huit ans ! Non ! C'est pas possible ! Ça faisait huit ans… !

Pensive et jouant avec les doigts de Mathilde.

Eh bien, ma pauvre maman ! Enfin, maintenant c'est fini hein ? C'est reparti comme en quatorze… Quoi… Mais non, je ne voulais pas… Mais pas du tout ! Mais non, c'était pour rire… Oui, bon d'accord, ce n'était pas drôle si tu veux… Oui, j'aurais dû dire « comme en 68 ».

Elle rit.

Ça va mieux comme ça : « comme en 68 » ? Moi ? Très bien… Très, très bien même… Ah bon ? Ça s'entend ? Alors ça doit être vrai… Oui… Oui… Oui…

Sur le ton d'une confidence très intime.

Non, ça n'est pas Karl… Oui, j'ai rencontré quelqu'un… Oui, très bien… Oh là là ! Si tu savais ! Écoute, c'est un peu tôt pour… Maman… Maman, je ne sais pas si je vous présenterai quand tu viendras à Paris… Comment ça, tu me présenteras Jean-Pierre ? Mais ça fait des années que je le… Toi par contre, ça m'étonnerait que tu ne sois pas étonnée…

Mathilde fait signe à Andréa de se dépêcher, à quoi Andréa répond par gestes.

Mathilde sort.

Oui… Oui… Oui, bon… Ma… Maman… Ma-
maaan ! Oui… Oui, mais il faut que je te laisse parce
qu'elle m'attend là. Allez au revoir je t'embrasse.

Elle raccroche.

Qu'est-ce que j'ai dit là ?

*Elle reprend très vite le téléphone et fait semblant de
continuer la conversation*

Oui, parce que tu vois Maman, mon amant tellement
talentueux qui me fait grimper aux rideaux et brailler
ma joie, eh bien, c'est une femme ! Ça te la coupe hein !
Et ben c'est comme ça… Y faudra t'y faire ! Ou pas…
Je m'en fous complètement parce que je vais la
retrouver et qu'on va recommencer… À baiser ! Oui,
oui, maman, tu as bien entendu : parfois on fait l'amour
mais là, juste là, j'ai seulement une furieuse envie de
baiser, alors ciao !

Elle repose le téléphone

Vers la coulisse

J'arrive !

Andréa sort

Intermède.

VOIX OFF.

C'était avant.

Et c'est si loin qu'il m'est presque difficile d'y repenser.

Pourtant peu de chose a changé, au fond.

C'est seulement que le monde a changé, basculé cul par-dessus tête ! Plus rien n'est à sa place.

Tout a trouvé une place et s'en fout bien de savoir si c'est la bonne.

Le monde est devenu rond

et vivant

et dangereux

et appétissant

et désirable

et je suis au milieu.

Et tu es au milieu.

Et ce n'est pas le même

mais c'est indiscutablement le centre

et tant pis pour la géométrie dans l'espace.

Scène XIV.

Mathilde entre, très déterminée. Elle prend la matraque et d'un grand geste frappe à toute volée le Schmürzocktail, puis elle repose la matraque et sort aussitôt. - Scène XV -

C'est la nuit. On les entend rire dans l'escalier. Elles rentrent assez excitées en tenue de cocktail.

MATHILDE, *s'affale dans un fauteuil, se déchausse tout en continuant la conversation commencée à l'extérieur.*

– Ouf… ! J'ai les pieds en compote !

ANDRÉA.

– Et la tronche de Charles Natale ! J'ai cru qu'il allait exploser… ou vomir…

MATHILDE.

– Qu'est-ce qu'il foutait là ? C'est un politique, pas un cultureux ! Qu'est-ce qu'il a à voir avec une exposition d'art lesbien féministe tendance gore ?

ANDRÉA.

– C'est un politique justement, et s'afficher dans une expo militante, ça lui donne un vernis culturel… C'est pour faire oublier qu'il est un gros blaireau.

MATHILDE.

– Ce soir, ça m'étonnerait que ça ait marché !

ANDRÉA.

– Boh… Demain, la presse people titrera : « Charles Natale à Clitendre ». Je te fais le papier : « Charles

Natale, l'ancien ministre de l'intérieur très marqué à droite, était vendredi soir au vernissage de Clitendre, la maintenant célèbre exposition d'art féministe... » et sans réfléchir, tu sors 500 caractères du même tonneau sans te mouiller... ça le fait ! Ton papier a une allure de scoop, tu le vends comme des petits pains et Charly se refait une virginité culturelle !

MATHILDE.

– Alors qu'il était à deux doigts de gerber devant... Comment s'appelait ce monstrueux tableau déjà ?

ANDRÉA.

– Les Lamentations ?

MATHILDE.

– Ah oui c'est ça : Les Lamentations ! Il faut dire aussi... quelle...

ANDRÉA.

– Quelle force !

MATHILDE.

– Ah ça, pour de la force... Une fois on m'a fait goûter un Calvados à 70 degrés. C'était fort, mais c'était dégueulasse ! Imbuvable...

ANDRÉA.

– Ouais... De toute façon, les nanas de Clitendre, ça leur convient d'être imbuvables.

MATHILDE.

– L'allocution de la peintre des Lamentations… !

ANDRÉA.

– Betty Mac Doherty.

MATHILDE.

– Mac Dirty, c'est ça.

Avec un fort accent australien.

« Je avé peindu ce toale avec exclousivemont les liquides et les matiaires sôties de mon côôrps de moa. Rien que les menstroueichon', le pisse, le merde, et aussi le placenta et le résoulta de un aborcheun… common vôs dites ? Avôôtemont c'est ça… Cé pour di'e le côrps féminine il est pleine de chôse on veut pâ voar… »

ANDRÉA, *riant.*

– Et la petite là, de Marseille…

Avec un fort accent de Marseille

« La prédominance masculine en matière artistique relève de la phallocratie et de la misogynie et pas d'une prétendue réalité biologique. La supériorité des couilles, nous, on s'en bat les ovaires ! »

MATHILDE, *riant.*

– On s'en bat les ovaires ! Il faut que je la ressorte au tribunal, ça leur plaira beaucoup !

ANDRÉA.

– Chiche !

MATHILDE.

– Ça serait la fin de ma carrière ! Avec une réputation de sexiste anti-mec primaire, je serais cuite !

ANDRÉA.

– Pourquoi ? Ce n'est pas le cas ? Je veux dire, tu n'es pas déjà considérée comme ça ?

MATHILDE.

– Ah non ! Je suis considérée comme une peau de vache qui obtient des pensions alimentaires records, pas comme une féministe écervelée entraînée par sa haine des hommes.

ANDRÉA.

– La « Féministe écervelée qui hait les hommes ». Bonjour le lieu commun !

MATHILDE.

– Mais, attends…, c'était ça, ce soir !

ANDRÉA.

– Pas vraiment…

MATHILDE.

– Pas vraiment ! ? ! Les accents exotiques qui t'ont tourné la tête ! La Québécoise là qui disait :

Avec un fort accent québécois.

« Ben faut vrémint qu'les hommes y comprennent qu'c'est nous aut' les femmes qui font les infants et qu'y z'ont rin a dire la d'ssute, et qui s'attindent pôs à d'l'indulgince ed'not pârt, dès qu'z'aurint pardu

445

l'pouvoère, on leur z'y f'ront baver tout pareil qu'y n'z'en font baver à c't'heure ! »

Normalement.

Sorti de l'enveloppe folklorique, ça n'annonce pas franchement des lendemains qui chantent !

ANDRÉA.

– Et alors… C'est vrai ce qu'elle dit ! L'oppression masculine et tout ça…

MATHILDE.

– Franchement Andréa, c'est ça que tu vis au quotidien ?

ANDRÉA.

– Oui, absolument !

MATHILDE.

– Non, mais tu rigoles !

ANDRÉA.

– C'est toi qui rigoles ! Tu composes, tu te faufiles. Comme tu veux que ta vie soit belle, tu ne t'arrêtes pas sur ce qu'il y a de… De déséquilibré à être une femme. Tu intègres les valeurs masculines dans ton propre fonctionnement. Tu fonctionnes comme un mec !

MATHILDE.

– Je fonctionne comme un mec, moi ?

ANDRÉA.

– Professionnellement, absolument ! Tu es, de ton propre aveu, une tueuse au sang froid. Ce n'est pas particulièrement féminin !

MATHILDE.

– Et c'est quoi alors la féminité ? Rester à tricoter au coin du feu pendant que monsieur travaille et court la prétentaine ?

ANDRÉA.

– Bien sûr que non ! La féminité c'est…

Avec une exagération comique.

Et bien, c'est quelque chose qui se situe entre les deux… Mais je ne sais pas où ! Voilà ! C'est exactement ça !

MATHILDE.

– Ça au moins… C'est précis !

Intermède.

VOIX OFF.

Et il y a une foule de gens au milieu du monde et il y a une place incroyable pour tout ce monde.

On s'y frôle, on s'y touche, on s'y étreint avec une joie électrique chaque fois qu'on le désire.

On savoure d'y être seule et tranquille chaque fois qu'on le veut.

Rien n'a pourtant changé. Ce qui manquait manque toujours, mais c'est le goût de tout qui a changé.

J'ai déchiré le voile qui me séparait du monde. Il ne me protégeait pas. Il gît là, par terre, je le porterai tout à l'heure amicalement à la poubelle. Il n'est que le souvenir d'un mauvais rêve, un coin d'ombre que la lumière fait fondre.

L'air et la vie entrent en moi avec leur saveur acide qui me brûle et me fait pleurer. Je bois à longs traits leur goût de larmes.

Rien n'a de raison et tout fait sens.

Je crois que j'aime.

Scène XV.

ANDRÉA.

– J'ai parlé avec Karl hier soir.

MATHILDE.

– C'est bien.

ANDRÉA.

– C'était la première fois.

MATHILDE.

– Que vous parliez ?

ANDRÉA.

– Qu'il parlait…

MATHILDE.

– Ah…

ANDRÉA.

– Tu comprends ?

MATHILDE.

– Non…

ANDRÉA.

– Je ne m'y attendais pas…

Pour moi, il ne s'occupait que de son travail, la vie autour ne l'intéressait pas…

MATHILDE.

− Il ne t'aimait pas…

ANDRÉA.

− Il ne demandait jamais rien, il n'avait jamais besoin de moi.

MATHILDE.

− Et là, il l'a dit.

ANDRÉA.

− Il m'attend depuis des années, depuis toujours, je suis indispensable… Tu n'imaginerais pas tout ce qu'il a dit… !

MATHILDE.

− Oh si !

ANDRÉA.

− Je ne le regardais même pas, il faisait partie des meubles !

MATHILDE.

− Et là, il t'a regardée et il a dit « Andréa… Je t'aime… »

ANDRÉA, *gênée.*

− Non… Pas vraiment…

MATHILDE, *continuant.*

− « Andréa… Je t'aime et j'ai besoin de toi… »

ANDRÉA, *riant nerveusement.*

– Tu es bête !

MATHILDE, *même jeu.*

– « Et je te désire, mais je ne sais pas comment te le dire… Je ne désire que toi… »

ANDRÉA.

– Arrête !

MATHILDE.

– Comment est-ce qu'il a dit ça ? « Tu as bouleversé ma vie et mes certitudes, le monde n'a plus la même forme ni la même couleur, je pense à toi jour et nuit, ton image m'obsède, m'enivre, loin de toi, je me languis de toi » ? *(Un silence.)* Il a dit : « Près de toi, Je suis bien, dans la lumière de tes yeux, dans la chaleur de ton sourire, dans la douceur de tes lèvres, la courbe de tes seins, l'ovale de ton visage. Je me baigne dans l'odeur de tes cheveux, dans ton haleine parfumée, je veux encore baiser tes paupières closes, caresser ton dos, tes fesses, je veux faire plier ta nuque, cambrer tes reins, je veux te voir jouir et pleurer de plaisir… » Il a dit ça ?

ANDRÉA.

– Tais-toi…

MATHILDE.

– « Ton âme contre la mienne, ta bouche contre la mienne, ton ventre contre le mien, ton souffle dans mon souffle, ta langue contre ma langue, toi en moi et moi en toi… » Est-ce qu'il t'a dit ça ?

ANDRÉA.

– Non. Tu sais bien… Il ne peut pas.

MATHILDE.

– Ah… Qu'est-ce qu'il peut alors ?

ANDRÉA.

– Il a besoin de moi…

MATHILDE.

– Alors c'est ça qu'il faut ? Il faut être faible ? Il faut solliciter ton instinct maternel ?

ANDRÉA.

– Je ne sais pas…

MATHILDE.

– Qu'est-ce que tu sais ?

ANDRÉA.

– Je ne veux pas choisir ! C'est trop cruel…

MATHILDE.

– Tous les deux. Tu nous veux tous les deux. Moi, je ne partage plus, je te veux toute. J'ai cherché des années, parmi des corps, des mains, des sexes, des bouches ! Je cherchais dans la lumière ce que j'avais perdu dans l'ombre pleine de fantômes. Mais avec toi, l'ombre est pleine de merveilleux maléfices ! Je ne veux plus en sortir de ce demi-jour éblouissant. J'éclate, je reluis comme un astre ! Partager ça, c'est impossible. C'est un secret, personne n'entre, je ne le permettrais pas.

ANDRÉA.

– Ne me fais pas mal. Je ne t'appartiens pas… Je ne suis pas à toi !

MATHILDE.

– Tu es à Karl !

ANDRÉA.

– Non plus ! Aucun n'appartient à l'autre.

MATHILDE.

– Vous ne vous aimez pas assez…

ANDRÉA.

– Peut-être. Nous nous y sommes toujours mal pris. Nous avons fait d'autres choses…

MATHILDE.

– Mais moi aussi ! J'ai fait des milliers de choses ! Pour arriver là où je suis, je me suis construite, pierre par pierre ! On me respecte, on craint ma force, on admire mon « combat », pour parler comme tes copines féministes. Et l'amour ! Je l'ai traqué, j'ai fouillé, tout exploré, à en avoir mal, pour monter au « septième ciel » ! J'ai eu des orgasmes inimaginables qui me laissaient presque morte, vide, incapable d'aimer, d'être aimée.

À force, je m'habituais à cette infirmité. Ma vie finirait comme ça et basta ! Puis tu es arrivée et tout a volé en éclats.

Je ne veux pas perdre ça.

ANDRÉA.

– Tu me perdras si tu crois me posséder.

MATHILDE.

– Mais tu m'appartiens ! Par le plaisir, par l'amour, tu m'appartiens !

ANDRÉA.

– Non, Mathilde. Je ne suis à personne. Moi aussi je viens de découvrir quelque chose. J'ai appris à me donner. Grâce à toi. J'ignorais tout de ça, lâcher prise à ce point. Je ne veux plus être prise, appartenir à quelqu'un. Pas encore, pas maintenant, peut-être jamais. Je me sens libre. Malgré tout ce que je te dois, malgré tout ce que j'éprouve pour toi.

MATHILDE.

– Tu me quittes…

ANDRÉA.

– Je veux partager la vie de Karl, je ne l'ai jamais fait jusqu'à présent.

MATHILDE.

– Tu n'en avais pas envie.

ANDRÉA.

– Je ne savais pas donner. Je ne savais que prendre.

MATHILDE.

– Tu prends ma joie, ma vie.

ANDRÉA.

– Elles ne sont qu'à toi.

MATHILDE.

– Tu ne m'aimes pas. Va-t'en, va-t'en !

Scène XVI.

MATHILDE, *seule.*

Elle lit la lettre d'Andréa dont on entend la voix enregistrée.

ANDRÉA VOIX OFF.

– Je ne savais pas attendre l'autre désir, le conduire. J'étais rien, qu'un autre pouvait éveiller. Ou une autre, ça restait théorique.

MATHILDE, *seule.*

– C'est parce que tu ne savais pas, alors je t'ai réveillée. Je pouvais parler, je t'ai parlé, j'ai appris à parler, en même temps que toi… Pour que le rêve ne soit plus noir.

ANDRÉA VOIX OFF.

– On avait peur longtemps des choses ordinaires, dormir au restaurant, s'occuper des boutiques.

MATHILDE, *seule.*

– La porte. Ordinaire, fermée. La porte. Je ne voulais plus qu'elle soit fermée.

ANDRÉA VOIX OFF.

– Je ne savais pas voir de forme, de goût, d'odeur à cacher comme il faut, le matin, la sueur…

MATHILDE, *seule.*

– Derrière la porte, il y avait tellement de choses. Je n'en savais pas plus que toi.

Criant.

J'ai triché ! Je ne savais pas !

ANDRÉA VOIX OFF.

– Les gens savaient, toujours pleins de choses à faire avant, voyager, rire…

Comme ça, il fallait de l'ombre.

MATHILDE, *seule.*

– Pardon ! Je ne savais tellement pas ! J'ai menti… Pardon…

ANDRÉA VOIX OFF.

– Quelqu'un faisait à moitié la gueule.

Et puis plus rien, une fatigue.

Je ne savais pas m'y prendre.

MATHILDE, *seule.*

– Je ne savais pas… Je ne savais rien moi non-plus. J'ai voulu te faire croire, pour te plaire.

ANDRÉA VOIX OFF.

– Un cul dans un jean qui rêvait rose bonbon.

C'était avant.

MATHILDE, *seule.*

– C'est toujours comme ça, même maintenant. Rien n'a changé, je suis comme ça, c'est toi qui avais raison.

ANDRÉA VOIX OFF.

– Loin.

Peu de chose.

Je suis au milieu.

Tu es au milieu.

MATHILDE, *seule.*

– Je m'en fous qu'il y ait de la place. Ce n'est pas de l'espace, c'est du vide ! C'est vide ! Vide !

ANDRÉA VOIX OFF.

– On frôle chaque fois qu'on veut.

Le voile ne me protégeait pas.

MATHILDE, *seule.*

– Vide…

ANDRÉA VOIX OFF.

– Je regarde l'air et la vie avec leur goût de larmes. Rien ne fait sens. J'aime.

Mathilde sort.

Le Schmürzocktail reste seul.

Il semble ricaner.

FIN